手話教室を始めるための7つのステップ

……………手話を楽しむ生き方……………

藤乃 著

セルバ出版

QRを読み取ると
「指文字」の手話
表現が動画で視聴
できます。

あ　か　さ　た　な

い　き　し　ち　に

う　く　す　つ　ぬ

え　け　せ　て　ね

お　こ　そ　と　の

スマホで動画が見れる

「指文字」50音一覧

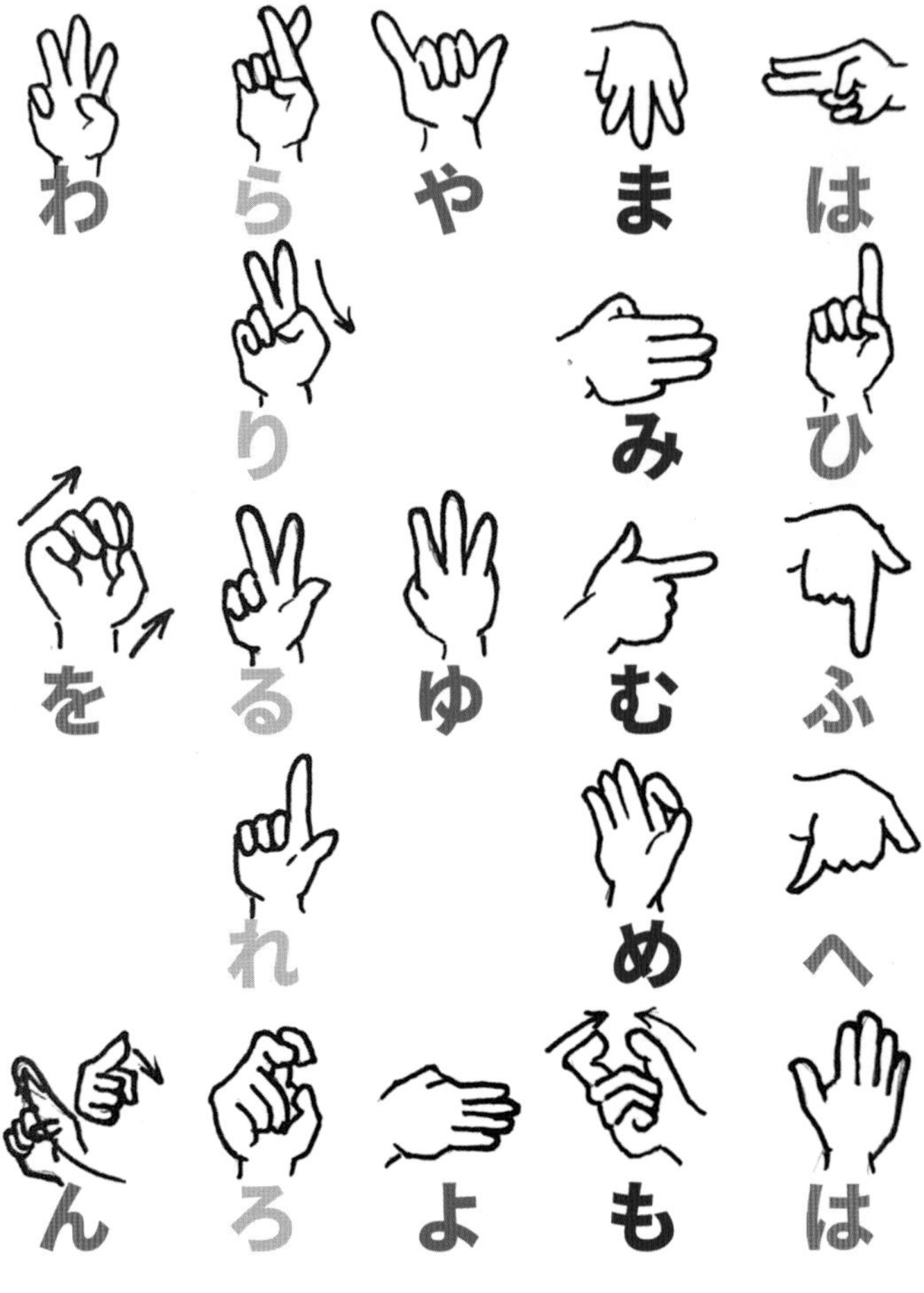

手話教室を始めるための「7つのステップ」

ステップ①
【認知・興味】
「手話って楽しそう！覚えてみたい！」と興味・関心を
もってもらうための無料ツールを使った活動方法とは？

ステップ②
【お客さんを呼び込む】
将来のお客さん（生徒）を集めて繋がりを持とう
SNSからレッスン予約への流れを把握しよう

ステップ③
【何十倍の収益を生むLINE活用術】
お客さんとのファーストコンタクトは命取り
嫌われないメールの作り方とは？

ステップ④
【カリキュラム】
初心者からでもすぐに使える
手話の先生になるための「カリキュラム作成法」とは？

ステップ⑤
【レッスン開始】
好きになってもらう魔法の自己紹介とは？
「3つのレッスン法」の流れでレッスンを進めよう！

ステップ⑥
【リピート・ファン化】
「○○先生の指導が忘れられない」
次のレッスンを熱望される「レッスンの型」とは？

ステップ⑦
【フォロー】
あなたのファンを作り出す大切な「フォロー」
心を鷲掴みする「サプライズプレゼント効果」とは？

本書を手にしたあなたは、もうすでに
「手話教室の裏メニュー」を手に入れた。

はじめに

今、本書を手にしているあなたは、

- 手話が好き
- 手話を勉強中
- 手話通訳者／士
- ろう者／難聴者（耳が聞こえない・耳が聞こえにくい）

この中のどれかに該当するのではないでしょうか。

誰が読んでも、手話の先生へのステップアップをイメージできるような本になっているので安心してください。

「手話を活かして小さな手話教室でも開けたらな……」

あなたも一度は、このように思ったことがあるのではないでしょうか。

- 自分の好きな手話を活かしてお仕事ができたら？
- 手話を広げる活動が自分でもできるようになったら？

・今までにない「自分らしい生き方」を楽しむ自分の姿に出会えたら？
・「誰かの役に立てることへの生き甲斐」を感じ、やる気がみなぎることは？
・贅沢できる収入でなくていい。少しのお小遣いがあるだけで生活が一変するかも？

まだまだ学習者の身分でありながらもそんなことを考えるだけで、なんだかワクワクしてきますよね。

「きっといつかは私も手話の先生に……」

そんな夢を抱いている学習者も多いかと思います。

実は、このストーリー。

過去の「私自身」でもあるのです。

何を隠そう、私は数年前まで2人の娘を育てながらパートで働く「普通の主婦」でした。

現在は、「手話を楽しむ生き方」をテーマに手話普及活動に取り組み、手話関連事業の会社を設立後、「1年目」で法人事業へと拡大することができたのです。

今では、県や教育機関との共同企画（基調講演等）、新聞・ラジオ・雑誌のメディア掲載、企業研修での手話指導などパブリックな活動の幅を広げられるようになりました。

また、法人2期目となる２０２３年には、大きな目標のひとつとして掲げていた「47都道府県のろう学校への寄付活動」を開始することができるようになり、まさに「手話」が私の人生を大きく変えるキッカケをつくり続けているのです。

「手話」で一体どうやって?

きっと、そう感じたかと思います。

ここからは、手話業界では誰も公開することのなかった、

「手話の先生になり、自宅教室をはじめる方法」

この具体的な方法を「7つのステップ」に分けて、誰もが挑戦しやすい手順で説明していきます。

難しいことは何一つありません。

余計なことは考えず頭を真っ白にして読み始め、そして必ず最後まで読んでください。

読み終える頃には、きっと驚くほどワクワクが止まらなくなるでしょう。


「自分にもチャンスがある」

「手話を学んでいてよかった……!」

本書を手にしたあなたは、もうすでに「手話教室の裏メニュー」を手に入れたようなものなのです。

さあ早速、新しい自分の輝き方を手にするべく、手話の世界へのページをめくってみましょう。

2023年1月

藤乃　fujino

手話教室を始めるための7つのステップ
―手話を楽しむ生き方―　目次

第2章　手話の魅力を伝える

第3章　将来の生徒を呼び込む

第4章 レッスン前の準備

第5章 新しい自分：「手話の先生」

第6章　感謝（Give）を呼び込む手話教室

第7章　手話の世界に革命を起こした「手話を活かした働き方」

おわりに

第 1 章

「手話教室」を始めた主婦

【絵】娘：Juri

1 「手話」との出会い
～命を救ってくれた耳の聞こえない先輩～

耳の聞こえない先輩との出会いがすべての始まり

まずは、私が一体、何者なのか？

どうして「手話」なのか？

今の私を生み出し、人生を変えたのは、19歳の頃に、私の命を救ってくれた、「耳の聞こえない先輩」との出会いがすべての始まりです。

沖縄県出身で生まれてこの方、一度も遠く離れた場所に引っ越したことがありません。慣れ親しんだ地元で幼稚園から中学、高校と変わることのない交友関係の中で過ごしていました。

「大学に行きたい……」

私は3人兄弟の次女。女手一つで育ててもらった母に、「大学の費用を出してほしい」とは決して言えませんでした。

そこで、大学の費用を貯めるべく、高校を卒業後すぐに、三重県の自動車工場で出稼ぎ貯金の生活を送る決断をしました。

生まれて初めての一人暮らし。県外への引っ越しや新生活に不安もありましたが、「自分の将来のためだ」と気を奮い立たせ、家族の見送る那覇空港を後にしました。

実は、この瞬間から「悪夢」は始まっていたのでした。

癌の告知

新生活が始まり、1か月が経とうとした矢先のことでした。

出稼ぎ労働を始めてすぐにストレスのせいか体調を壊す日々が続いていました。

「ご家族は来ていますか？」

何気なくフラッと寄った病院での突然の告知でした。

「癌の可能性があります」

今でもあのときの医者の顔やシーンは吐き気がするほど覚えています。

ショックどころか何が何だかわからず、ひたすら泣き崩れました。

「私は死ぬんだ」

「沖縄に帰りたい。私は一体何をしているんだ」

「罰があたるほど贅沢も我儘も言わずに生きてきたのに」

「どうして私ばかりがこんな目に」

泣いても泣いても何も変わらない現実。

誰とも話せず工場の寮で一人で泣く毎日でした。

「病気のことは家族には言えない。母に心配はかけられない。だめだ……言ってはいけない」

「今後、治療にお金がかかるかもしれない」

「私なんて生きているだけ迷惑な存在になる」

明るさだけが取り柄だった私が、徐々に笑うことすらできなくなり、次第に、部屋に引きこもり職場へ行くことがやっとの生活が始まりました。仕事中のミスも増え、下を向きながら突然溢れ出る涙を必死に堪えては、平然を装うふりに必死でした。

「どうせ死ぬなら、今死にたい」

「死んだら苦しまずに済むのかも」

「もう終わらせたい」

何度も何度もネットを見ては、苦しまずに終わる方法を探して試し続けました。でも、何度も目が覚めるわけです。そのたびになんとも言えない虚しさと、恐怖、不安、激痛が襲ってきました。

そんな絶望的な毎日が始まってから、数週間が経過した頃でした。

相変わらず周りに迷惑をかけまいと、必死になりつつも職場の環境や責任感にも追われ、うつ病の症状が悪化していく感覚が強くなっていきました。

誰にも相談できず、ずっと1人で戦う日々。何がなんだかわからないような毎日。

「藤乃ちゃん大丈夫？　元気ないよ」

突然、会社の先輩が声をかけてきてくれたのです。

無力で絶望のどん底から、ようやく救いの光が見えた感覚がありました。

「話していいんだ……弱音を吐いていいんだ……」

ずっと病気のことを1人で悩みもがいていた日々にピリオドを打てた瞬間でした。

その先輩は耳の聞こえない方でした

私の働く工場には、耳の聞こえない方（ろう者）が多く、その先輩は、たまに作業場ですれ違う程度でしたが、いつも積極的に声（たまに手話や筆談も）をかけてくれる気さくな方でした。

病気が発覚してからも、誰ひとり私の異変に気づく人はいなかったのですが、やはり耳の聞こえない人は視覚情報のキャッチに長けているのか、唯一彼だけが声をかけてくれたのです。

それからその先輩は、毎日のように話しかけてくれました。

気づけば私は、彼の毎日の声かけが「心の支え」となっていました。

そんな日々を繰り返す中で、少しずつ私の心境に変化が現れ始めたのです。

日常生活を少しずつ取り戻しつつ本来の自分が戻ってくる感覚がありました。

「私、いつまで落ち込んでいるんだ」

彼は、耳が全く聞こえない。だが、そんなこと何一つ感じさせないだけでなく、たくさんの部下を引き連れ、他の聴者の社員同様にバリバリと業務をこなしているのです。

雷に打たれたような衝撃でした

聞こえない世界で生きる彼の力強い生き方を目の当たりにした瞬間、私の今までの生き方や人生観・物事の捉え方・価値観などが、一気に変化していく感覚を覚えました。

「私の病気は治る見込みがあるのに、こんなことで命を絶とうとするなんて弱すぎる」

「どんな人間であっても必ず自分にできることがあるはず。逃げてはダメだ」

どん底にいた自分を救ってくれた先輩に。

聞こえない世界に。手話の世界に。

「次は、私が恩返しをする番だ」

工場で貯めたお金を、厚生労働省の管轄である国立障害者リハビリテーションセンター学院、手話通訳学科の学費に充てました。

そこから、学院内での生活はもちろん、プライベートでも日本語を一切話さない&手話のみ生活の日々を1年間以上続けました。

手話の世界にどっぷりと浸りながら、手話の歴史や文化、通訳分野の専門知識を重ね、手話や聞こえない世界の奥深さを探求し続けました。

しかし、ここでもまた「あの悪夢」が訪れるのです。

再発（陽性のおそれ）の結果

通院生活を続けていたお陰で、正常値になっていた細胞にまたもや「再発の疑い」の告知。

卒業論文で多忙な日々が続き始めた頃だったせいか、日々の課題やレポート提出に追われ、身体の変化に気づくことができなかったのです。

「どうして、また私だけ……。どんなに頑張っても無駄なのか。努力は報われないのか」

寮生活を送っていたため、ふたたび引きこもり生活が続きました。

朝は、学校へ行かなくてはいけないにも関わらず、ベッドから起きることすらできないのです。

背中に何百キロの鉄の固まりがズシンと乗っている感覚。

来る日も来る日も、どうすることもできない自分の現状を責め続け、終いには学校へ通うことすらできなくなってしまったのです。

それだけではなく、異変は食事に現れました。

5合のお米を炊いては、10分で胃に詰め込み、そして嘔吐。

引きこもり・過食嘔吐は「躁鬱のサイン」でした。

このままフェードアウトする道を選ぶべきか……。そんな私を支えてくれたのが、
・かかりつけ医や家族
・耳の聞こえない友人たち
彼らの言葉にまた救われ、そして私は大切なことに気づかされたのです。

「本当に誰かの役に立つ活動をしたいなら、まずは自分の身体を大切にすべき」

自分の身体・精神と向き合う道を決断

私は、学院を「卒業」することを辞め、自分の身体や精神と向き合う道を決断しました。

手話通訳の道を離れていくことに淋しさや不安もありましたが、それでも必ず「手話の世界」に戻ってこようと胸の奥に本音をしまっておくことにしたのです。

そこから6年間、自分の身体と向き合い、結婚・育児の経験を踏み療養に専念してきました。

家族や友人、多くの仲間の助けもあり、心身ともに強固な自分をつくり上げてきました。

お陰様で、毎年、定期検診を受診していますが「異常なし」の正常値を今もなお、維持できているのでご安心ください。

POINT

・手話の世界には、想像を超える「にぎやかな世界」が待っている。
・どんな人間であっても必ず自分にしかできないことがある。
・決して諦めないこと。命より大切なものはない。

2 「手話の普及活動」を本格的に開始

手話の事業を立ち上げる

２０１９年、ずっとやりたかった手話の事業を立ち上げました。

実は学院生活での専門知識や手話の世界にどっぷりと浸かっていた頃に習得した知識や経験を活かして、近所のカフェテリアや自宅で「手話の教室」を開講していたのです。

「人に手話を教える」という小さな成功体験を積み重ねていたことで、私の手話への想いは、数年経過しても消えることなく、さらに強固な想いへと進化していたのです。

その「手話の教室」で培った経験は、今の私の基礎の部分をつくり出しています。

昔の私は、いつも人を羨んでばかりでした

「あの人はいいよな。私も、あの人のような人生だったら幸せだっただろうな」

そんな風に他人を羨んでばかりで、常に「来世こそは……」と思っていたのです。

スキルも経験も資格もない。そんな私ができるわけない。元々私には才能なんてない。

病気だってした。身体が強いわけでもない。うつ病にもなった。自殺も考えた弱い人間。

そんな時期が嘘のように、今では「自分の夢や願望・想い」を形にすることができるようになったのです。

「時間＝命」

私たちは限られた時間しかありません。

日々刻々と命は削られていきますし、人生は一度しかありません。

「やるか・やらないか」

人生を変えるのは、そのたった1つの違いなのです。

手話の世界を広げる活動家になる

手話は、英語やフランス語と同じで「1つの言語」です。

誰かの言語・誰かの所有物でもありません。

・海の中で自由に話せる
・窓越しや遠くにいても話せる
・うるさい場所や逆に、閑静な場所でも制限なく話せる
・音声の要らない自由な言語
・子どものバイリンガル教育

そういう意味では、手話は聞こえない人だけではなく、聞こえる人にとっても、コミュニケーションツールとして重要な役割を担う大切な言語でもあるのです。

だからこそ私は、どの言語よりも「手話は魅力的」だと感じています。

とはいえ忘れてならないのは「手話を必要とする耳の聞こえない方の存在」です。

マスクの着用によって、音声会話が困難となり、日常生活でもコミュニケーションに不便を感じてしまうシーンが増え続けています。

そこで必要となるのが、私たちが習得している「手話」の存在なのです。

１人でも多くの聴者（聞こえる人）が、手話を使えるようになれば、もっとろう者の日常生活は円滑になり、より多くの情報をキャッチすることができます。

だからこそ、手話を活かして教室を開くなど、自由に活動する人が増えていけば、さらに手話を普及させることが可能となります。

私は手話の世界によって「命」を救われ「人生」を180度変えることができました

もし、この私のストーリーを読んで少しでも勇気がわいてきたら、手話を活かして、次のステージへステップアップするタイミングです。

本書を最後まで読むことで、あなたも私と同じように、手話を普及させることができる手話普及者の1人となります。

あなたと共に活動できる日を心より楽しみにしています。

3 「手話」って？「ろう者」とは

あなたは障がい者ですか？

突然の質問に驚いたかと思いますが、このように質問されて、あなたはどう感じましたか？

「自分＝障がい者」と前提で話しかけられたら、どのような気持ちになりますか？

一般的に「障がい者」と聞くと、

・身体が不自由

・可哀想
・不便
というようなイメージがあるかと思います。

ちなみに、私は耳の聞こえない人を障がい者だと思っていません。

「耳が聞こえない人」なだけです。

そもそも、障がいを持っていない人など皆無です

精神的に辛くて眠れない人も睡眠の障がいを抱えていますし、咳が慢性的に続いている人も辛い障がいを持っているとなります。

腰が痛い方も、悩みの深さ次第では「障がいをもっている」と言えるでしょう。にも関わらず、「耳が聞こえない人＝障がい者」という言葉だけが一人歩きするのは、おかしな話です。

ろう者には、アイデンティティが存在します。

ろうの友人と話していると「耳が聞こえない・聞こえにくい」ことを忘れてしまうほどです。

聞こえないということは、特別なことでもありませんし、俗にいう「助ける」という発想すら、そもそも間違っているのです。

誰もが、自由に・自分らしく・堂々と生きているのです。

ろう者

主にろう学校卒業者や日本手話使用者、ろう社会に所属している人が自分のこと（自分のアイデンティティ）を「ろう者」と呼称する。

難聴者

聴力によって、軽度難聴者・中度難聴者・高度難聴者がいる。医学的には「ろう」レベルでも自分のことを「難聴者」という人もいる。（アイデンティティは、医学的背景ではなく、文化的背景で判断される）難聴者は、口話がある程度できる人が多い。軽度難聴なら、電話ができる人もいる。

聴者

ろう者・難聴者に対比して聴力レベルが高い。「健聴者」と呼ぶ場合がある。しかし、この呼び方は「健聴者＝耳が健常な人」つまり、裏返せば「健聴者ではない＝耳が異常な人」という無意識の意味が込められていると考え「異常」という言葉に違和感を持つ人達もいないわけではない。

出典：Wikipedia

４　「ありがとう」の手話すら知られていない現実～ある手話ドラマの快挙～

ありがとうの単語

・Thank　you（英語）
・謝謝（中国語）
・Gracias（スペイン語）
・Merci（フランス語）

このように、他言語の言葉であっても「ありがとう」は、一般的に認知されていることが多いです。では、手話はどうでしょうか。

そこで早速、手話に関わる機会のない人（30～40代）50人を対象に、アンケートを行ってみることにしました（※最初のアンケート結果にショックを受けますが、次のページでミラクル逆転が起きますのでお楽しみに）。

【手話で「ありがとう」と表現できるのか？】

・知っている（表現できる）……………………７％

・知らない（表現できない）……………………48％
・表現が曖昧（正しい表現なのか不明）…………12％
・興味がない……………………………………31％

メディアと手話の相性は最強

アンケート結果に、ガッカリどころか悲しい現実に、さすがの私もため息が止まりませんでしたが、落ち込むことはありません。ここから「手話界のミラクル（手話ブーム）」が起きはじめます。

そのミラクルの火種となったものが「silent」という恋愛ドラマです。

聴力を失った主人公の男性が、過去に本気で恋した女性と出会い直すという、聞こえない世界を背景にしたラブストーリーなのですが、なんと2週連続でTwitter世界トレンド1位を獲得し、ＴＶｅｒでも第一話の見逃し配信は放送後１週間で４４３万再生という異例の記録を残していました【引用元：「フジテレビ『silent』、TVerの見逃し配信４４３万再生で歴代最高の記録を樹立」https://www.screens-lab.jp/article/28381】。

その影響もあってか、私のお仕事でも教育機関や行政からの講演依頼も数倍に増え、オンラインで学べる手話教材「手話ホームステイ」の受講者も20倍以上となりました。

ＳＮＳ上では、あちらこちらで、覚えたての手話をアップする人が増え、手話への関心度が一気に高まった感覚を実感しました。

「手話ドラマによって、手話への関心度も高まったのでは？」と思い、このタイミングで、もう一度「ありがとう」の手話単語の認知度を確かめることにしました。

同条件（手話に関わる機会のない30～40代の50人が対象）でアンケートを取り直してみたのです。

そこで、なんと信じられない結果が出たのです。

この結果には、私自身も驚きと共に嬉しさが込み上げてきました。

・知っている（表現できる）………………26％
・知らない（表現できない）………………37％
・表現が曖昧（正しい表現なのか不明）………25％
・興味がない………………………………12％

アンケート結果の違いは一目瞭然ですね。

「ありがとう」の手話が、7％↓26％の勢いで認知されたのです。

それだけではなく「手話への興味」も高まりつつあります。

手話のドラマのお陰で、ここまで手話の認知度・関心度が上がるとは想像以上のものでした。

さらに、こういった情報は「インターネット」や「ＳＮＳ」の力によって、何百倍にも拡散され、素晴らしい結果を生み出し続けています。

POINT

・SNSやドラマは「手話ブーム」を生み出すキッカケになる。

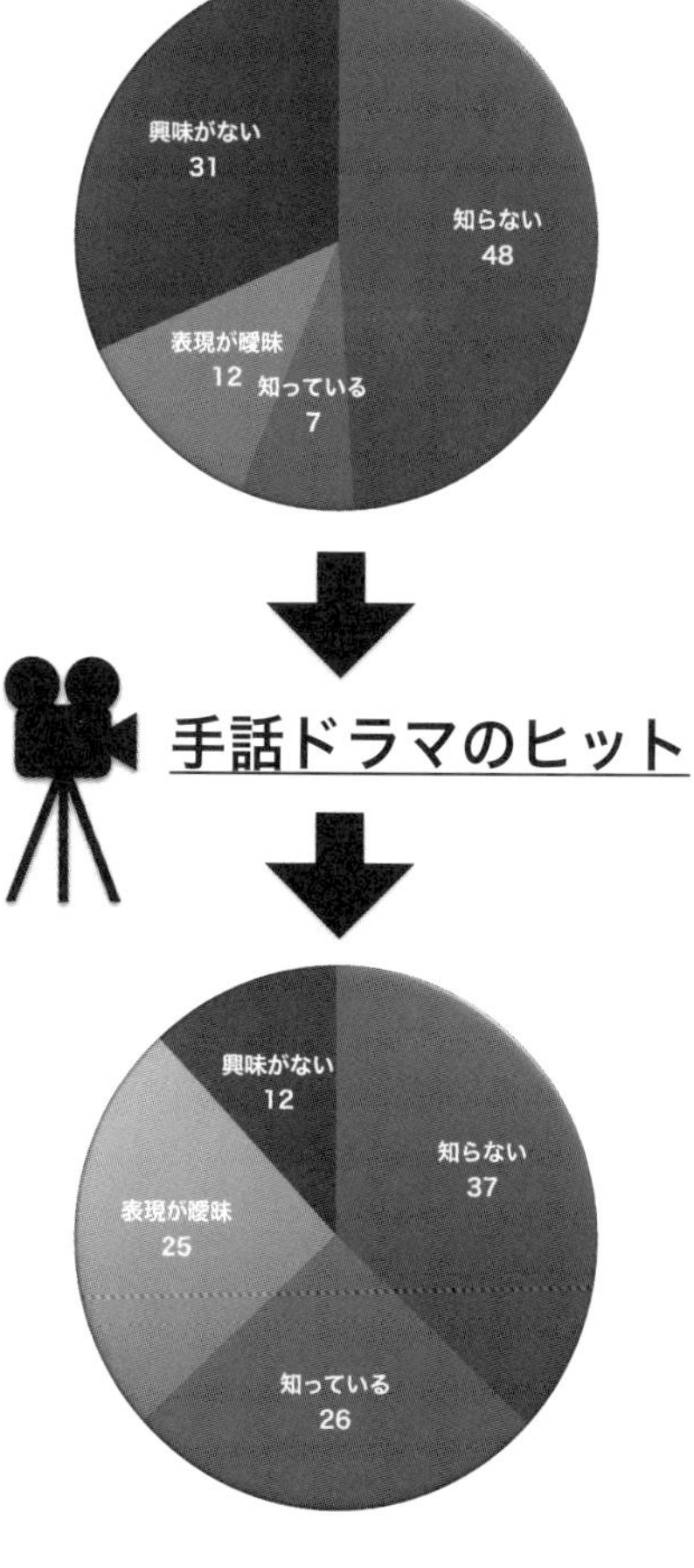

5　「誤解させてゴメンね」そんなまさか…エピソード

手話活動する上で知っておくべき視点

私は学院生活（手話通訳学科）の頃から、耳の聞こえる人（聴者）より、聞こえない人（ろう者）の友人が多かったこともあり、1日の使用言語の割合は、「日本語が1割以下・手話が9割以上」というような生活を送っていました。

このページでは、そのような特別な経験・境遇だからこそ得られた「重要な学び（視点）」をあなたにもお届けします。

今後、手話の世界で活動する上で欠かしてはいけない、絶対に知っておくべき重要な視点となりますので必ず覚えておいてください。

私が、手話だけの生活を送り始めて、数ヶ月が経ったある日のことです。

私　　：「Oさんの手話ってわかりやすいよね～」
Oさん：「へ～。俺の手話が？　普通だと思うけどね」
私　　：「いやいや本当に有難いよ。読み取りやすいし、手話も上達している感覚にもなれるから好きなんだわ。いつもありがとね！」

Oさん：「え、俺？　いや〜ありがとう」

普段から仲のいいいろう者の友人（Oさん）と、手話べリ（手話でお喋り）をしていたときの会話の一部です。

あなたは、この会話の流れを見て、なにか感じることはありましたか。

実は、この日を境に、なんだか友人の様子がおかしくなってしまったのです。

どこか余所余所しく、やたらと目が合うのです。

会う頻度も少しずつ増えていきました。

不思議に思っていたのですが、「あまり気にしないでおこう」と普段通りに振る舞っていました。

そのときです。その友人が突然、手を繋いできたのです。

私　　：「え……?!」

Oさん：「この間のことだけど、俺のこと好きだと伝えてくれて嬉しかった。

いろいろ考えたけど僕たち付き合おうか」

私　　：「?????」

何が起きているのかもわからず、想定外の言葉にフリーズ状態が続きました。「いつ告白したことになっているのか?」「好きだ」と伝えたことなんて一度もないはずが……。

ろう者と聴者では「好き」の使い方が異なる

そうです。私が以前、その友人に伝えた会話が、なんと……ろう者のOさんには「私からの告白」として受け取っていたということが発覚したのです。

私　：「いやいや本当に有難いよ。読み取りやすいし、手話も上達している感覚にもなれるから好きなんだわ。いつもありがとね！」

あなたが聴者であれば、おそらくこのタイミングで使用される「好き」の意味が、「あなたのことが好きです」というような恋愛の意味を含むものではないことは理解できるかと思います。

もし万が一……のことがあったとしても、そもそも聴者は「声のトーン」によって言葉のニュアンス（本音の部分）をある程度、調整することができるので、勘違いを事前に防いだ話し方で意思を伝達することができます。

聴者の使う「好き」の単語の使い道は、あらゆるシーンで引用できるので、恋愛感情の「好き」だけではないのです。

これは「聴者の文化」がつくり出してきた言葉の使い方ともいえます。

他にも聴者には「察する文化」「我慢は美徳」「遠回りに伝える」など独自の文化が存在します。

これは聴者が長年積み上げてきた時代の流れがつくり出しているものなので、なかなか変えることが難しいものです。

ですが、そのような「聴者の文化」で育っていない人からすれば、知ったことではありません。

その認識のズレが、今回の事件を引き起こしてしまったのです。

このような「言葉のズレ」を身をもって体験したわけですが、やはり言語を学ぶ上で「文化を知る」ということは重要です。

・ろう者の文化
・聴者の文化
・難聴者の文化

これらが存在することを忘れてはなりません。

挙げればキリがないのですが、文化の違いによって起こる2つの例をピックアップしておきます。

あなたも私と同じような火種を生まないように事前に把握しておくことをおすすめします。

POINT

・文化の違いにより「違和感や異変」に直面することがある。
・違いの文化を否定せず、受け入れる「器」を持つこと。

文化の違いによって
引き起こる言葉や行動のズレ❶

A(聴　者):「明日の集合時間は8時。10分前にはバス停前に来てね!!」

B(ろう者):「8時10分前?」ということは、8時5分にはバス停にいよう。

C(ろう者):「10分前」集合なので7時50分にはバス停にいよう!

↓

手話の表現にも工夫が必要となる

文化の違いによって
引き起こる言葉や行動のズレ❷

A(ろう者):「ねえねえ、Bさん!!」と、肩をたたく

B(聴　者):(え……セクハラ……)「あ、はい……」

↓

・聞こえない人同士の呼びかけは、肩をトントンと軽く叩いて呼び合うことが多い。

・聞こえる人は声で相手を呼ぶので直接的なタッチに抵抗を感じる人もいる。

6　やっちゃダメ～手話教室の失敗談～

焦りは禁物

このページでは、私が実際に「手話の教室」を開いてから起きた「失敗事例」をお伝えします。

さらに、「第2章」からは、具体的な「手話の教室の開き方」をステップ方式でお伝えしていきます。

きっとワクワクが止まらず、第2章のページをめくってしまう方もおられるかもしれませんが、焦りは禁物です。

取り扱い説明書の「※注意事項」を読み飛ばし、後で痛い目に合う人と同じで、失敗してからの代償（ダメージ）は大きいですし、自信も失ってしまいます。

だからこそ事前に、失敗事例や成功事例を把握しておく必要があります。

一部の断片的な情報だけを把握したところで上手くいくことはありませんので、落ち着いて1つひとつ読み進めてください。

【0円】手話体験レッスン」はやってはいけない

「無料体験キャンペーン」や「無料レッスン実施中」といったセールス。駅前などでもよく見かけることがあると思います。

私も教室を開講したばかりの頃「まずは、お客さんを集めなくては……」とさまざまな教室サイトに無料登録をし、そこで「0円」で体験レッスンができることをアピールし始めました。

その行為が、のちに「失敗だらけの手話教室」を生み出してしまうとは知らずに……。

もちろん、無料で手話を教えるレッスン教室なので、お客さんの数は増え続けました。

とても嬉しかったのを覚えています。

ただ、ここから一気に「集客の壁」にぶつかるのです。
・無料体験レッスンだけを目的に来る人
・名前を変えて無料体験を繰り返す人
・「手話って使い道がないのでお金を出してまで学べない」と言ってくる人
このようなお客さんがどんどん集まってくるのです。

それだけでなく、お客さんに共通する点は、「手話を習得したい」という想いが薄いことでした。

私自身、手話の世界やろう者の存在によって、自分の命を助けてもらったこともあり、やはりこのような考えをもつ生徒が集まるたびに、苦しさと虚しさを感じました。

それ以降も、無料体験レッスン後の授業料を「500円~1500円」の受講料にしたりと、試行錯誤を繰り返しましたが、なかなか上手くいきませんでした。

それからしばらくはいったい何をどのように工夫すればいいのかすらわからなくなってしまい、打開策が見つからず模索する日々が続きました。やはり無料体験レッスンからの有料レッスンへのシフト転換は難しく、自信を失ってしまいそうな時期が続きました。

「集客の仕方」が問題なのかもしれない

そんなある日、私は「ある盲点」に気づいたのです。

「手話」そのものは、十分に価値のある言語だからこそ問題はないはず。

そうであれば、そもそも「集客の仕方」に問題があるのでは……？

その見解は、見事に大当り。

問題解決だけでなく、今の私を生み出した「キッカケ」となったのです。

上手くいかない理由は、すべて自分自身のやり方にあったのです。

盲点に気づいた私は「集客法」を大きくシフトチェンジしたのです。

そこからです。信じられないほど「リピート受講」を望む人が増えたのです。

客層がガラっと変わり「手話をもっと覚えたい」という熱意の高いお客さんが集まるようになったのです。

では、ここで私が行った「改善策」はなんだと思いますか？

人気の手話教室を叶える集客法

答えは……？

「0円体験レッスン」で集客することを辞めた。これだけです。驚きですよね。

さらに言えば、「手話教室の1時間のレッスン単価を固定し公開した」のです。

今までは、お客さんの雰囲気や反応を見て、レッスンの価格を上下させていたのです。

その自分の弱さが、逆に相手への不安を掻き立てていたことに気づいた瞬間でもありました。

「体験レッスン」の単価は、本レッスンの単価より「500円」ほど引いた費用に設定し、有料にした「体験レッスン」では、手話を教えることだけでなく、手話を習得することで得られるメリットを徹底的に伝えるようにしたのです。

それが相乗効果を生み出し、一気に予約が埋まるようになったのです。

気づけば私のスケジュール帳は「手話・手話・手話・手話・手話……」の予定でびっしりと埋め尽くされていました。

当時は「タダだからこそ、お客さん（生徒）が集まる」と思っていましたし、安ければ安いほど、よいと勘違いしていました。

今だからわかることでもあるのですが、「0円集客」は、集客の手法としては有効的ですが、大きな媒体をもつ事業が行うからこそ好循環を生み出します。素人のフリーランスが、見よう見真似でやってしまうと、「リピートを生み出す人気教室」とは無縁になってしまうのです。

これは、手話の教室に限った話ではありません。例えば、小さな美容サロンや整体や塾、ジムなどでも同様のことが言えます。

なにかを提供するサービスを始める際の大切な視点は、「リピートに繋がるお客さん」を呼び込む＆生み出すことが重要なのです。

何を目的に教室を開くのかを見失わなければ、自分のハマっている「落とし穴」に気づくことができるようになるのです。

０円や安売りをしてばかりだと、「タダで情報をもらう」というテイカー気質のお客さんに振り回されるので注意が必要です。

POINT

- **「無料」はよい結果を生むとは限らない。**
- **「無料」で手話を教えることで、自らが「手話の価値」を落としているという事実に気づくこと。**

7　成功体験～「2か月予約待ちの手話教室」～

生徒　‥「先生、次回は1週間後に予約は取れますか？」
私　　‥「次回の枠は、2か月後しか空いていないのです……泣」

本格的に手話教室を始めて、3～4か月が経過した頃の会話です。

集客やレッスンの進め方を大きくシフトしたことで、生徒の「もっと学びたい！」という意欲を伸ばすことができ、自然に手話の魅力を伝えられるようになってきました。

一度「失敗や苦悩」を経験すると、人間は面白いほど強くなります。

現在、私の元へ手話を学びに来てくださる方は、全国各地から、毎月50名～多いときで100名近い生徒へと増えました。

そして、19歳の頃から夢だったアカデミー創設のプロジェクトを全て1人で計画・構築し募集開始から「4ケ月で220名以上の会員」が全国から集まるという結果となりました。

この結果は、私の想像以上の「成功体験」となり、私が行ってきた手話の普及活動への想いが一気に形となった感動の瞬間でもありました。

本当に嬉しかったですし、手話と私の活動理念が合致し、大きな価値として生まれ変わった感覚がありました。

全国のろう者と難聴者と聴者が集う場所（コミュニティー・プラットフォーム）をインターネット上に構築することで、私だけでは伝えることのできなかった手話の奥深さや地域や年代によって変化する手話の魅力などを、より深くリアルに認知してもらう可能性が広がりました。

決して平坦な道のりではなかった

ここまでの話だけですと、すべてが上手くいっているように見えますが、もちろん、思うようにプロジェクトが進まないことだってありました。決して平坦な道のりではありませんでした。

今でも「あーでもない、こーでもない」と試行錯誤の日々を繰り返すことも多いです。

それでも、必ず最後は、「成功」の結果をつくり出してきましたし、今後もきっと上手くいく自信があります。

ではなぜ、そのような「成功体験」を積み上げていけるのか？

その理由は、いくつかありますが、

これだけは絶対に間違いないものが１つあります。

それは「２か月予約待ちの手話教室」が始まって以来、ずっと変わらない＆ブレない「活動の軸」が大きく影響しているからです。

私の経営理念は「手話を楽しむ生き方」

その裏に秘めた大切な想いが、何十年も変わることなく、私の「活動の軸」として強く根づいているのです。

・手話を普及させることで、手話界への恩返しができる
・手話の魅力をしっかり伝達できれば、もっと興味を持ってくれる人が増えるはず
・自由な働き方を世に広げ、手話の世界にも経営を学ぶ文化を導入していくこと
・やると決めたら、目標を達成するまで諦めずにやり抜く
・自分の好きなことを仕事にする
・聴力に関係なく手話の得意な人が自由に普及活動を行えばいい
・手話の学習や指導、すべてを楽しむこと

この想いが、とにかく誰よりも強いのです。

ですので、1回や2回の失敗や障害が訪れたとしても簡単には諦めることはしませんし、その程度で、へし折れるほどの軟な思いや感情だけで活動している訳ではないのです。

だからこそ、どんなときでも楽しめますし、結果を「成功体験」へと繋げられてきたのです。

最初から最後まで活動の軸をブラしてはいけない

「絶対にうまくいきたい！」

「必ず成功したい」

「人気の手話教室・先生になりたい」

もしも、あなたがこのような強い気持ちを持っているのでしたら、絶対に最初から最後まで「活動の軸」をブラしてはいけません。

そして、その軸を支える感情や本音の部分を決して忘れないでください。

あなたの、これからの活動を「強固なもの」へと進化させてくれます。

とはいえ、なかなか思いがまとまらない人も多いと思います。

そこで、あなたに次の質問をします。

ぜひ空白部分に今の思いを書き込んでみてください。
①あなたが手話の先生になりたい理由は何ですか？
②手話の教室を開いたら、どのような思いを生徒に伝えたいですか？
この2点を紙に書いて大事に持ち歩いてください。

そこからスタートしましょう。

きっと「2か月予約待ち」といわず、「行列を作る予約のとれない手話教室」を目指せるはずです。

POINT

・手話がどれだけ好きか？　どれだけ想いが強いか？
それが「成功」or「失敗」の成否を決める。

①手話の先生になりたい理由

②手話の教室を開いたらどのような思いを
　生徒に伝えたいですか？

第 2 章

手話の魅力を伝える

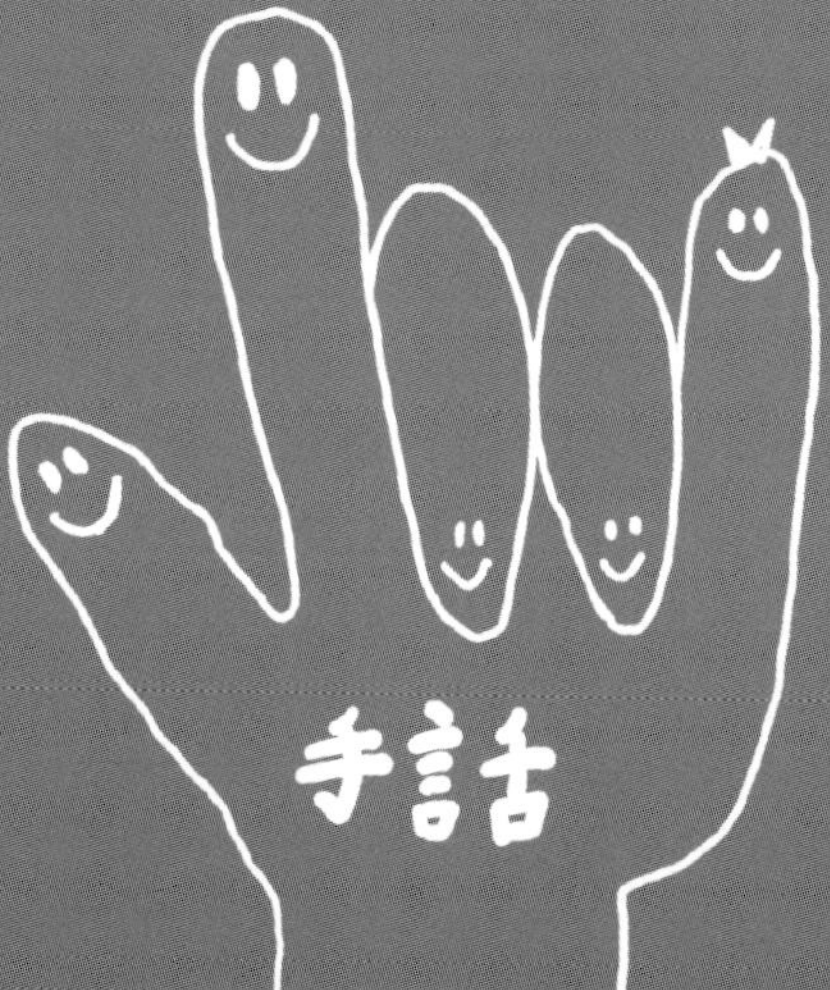

【絵】娘：Mari

1　主婦でもできるカンタン手話教室
―ステップ①：認知・興味―

「自分の存在」を知ってもらう

いよいよ「手話教室」を始めるためのファーストステップに入っていきます。

まず一番最初にやるべきことは、「あなたの存在を知ってもらうこと」が重要です。

あなたが何をしている人なのか、どんなことが好きで、何者なのかを、伝えることから始めましょう。

　私自身、この発信をしてこなかったらそもそも起業することができなかったと言っても過言ではありません。

「自分の存在を知ってもらう」＝「新しい人生の始まり」となるのです。

　このようにいうと、

「いや、そんな自分のことを世にアピールするなんて……」

「手話力も自信ないし、誰も見てくれるはずがない」

「不安だし緊張する。何を載せればいいのかわからないし」

と考える方も多いかと思います。

手話の発信

その気持ち、よくわかります。実際に私自身も、手話の発信を始めた頃はネタもないし、誰が見てくれているかもわからないですし、毎日不安に駆られたものです。

ですが、そんなときこそ思い出してほしいのです。

①あなたが手話の先生になりたい理由は何ですか？

②手話の教室を開いたらどのような思いを生徒に伝えたいですか？

この想いがバシッと決まっていれば発信を楽しめるはずですし、不安を超えて手話を普及させるための使命感や、やる気も沸いてくるはずです。

POINT

・手話教室のファーストステップは「自分の存在を知ってもらう」。

2 「0円」で始めるSNS集客

無料で利用できる発信ツール

自分の存在を知ってもらうには「発信」をしなければなりません。

どんなに腕のいいシェフでも存在を知ってもらわない限り意味がありません。

価値を生み出すには、何事も「知ってもらうこと」が大事になってきます。

今回は実際に、私自身が現在も活用している「無料」で利用ができるツール（SNS）を教えたいと思います。

実際に私が活用している「無料ツール（SNS）」

1 Instagram（インスタグラム）
2 Facebook（フェイスブック）
3 YouTube（ユーチューブ）
4 Twitter（ツイッター）

この無料SNSの活用だけで、私のように「月収42万円」をつくり出すこともできるようになるのでチャレンジを楽しんでください。

おそらく既にあなたも活用している媒体があるかもしれません。どれも「0円」でアカウントが取れるので、まずは無料登録から始めてみることをおすすめします。

このSNS集客をはじめてから、私の場合はファーストキャッシュを得ることに成功したのです。それほどインパクトのある集客なのです。

安心してください。すべてのSNSを活用する必要はありません。重要なポイントは「業種（ジャンル・市場）」にマッチするSNSを見極めれば活用する媒体は「1つ」だけでもいいです。

なぜなら、SNSには各媒体ごとに「依存ユーザー（住民）」が存在するからです。

「依存ユーザー（住民）」とは、「その媒体（SNS）しか使わない」という習慣のある人たちのことを指します。

あなたは一番よく使うSNSは何ですか？　それがInstagramだった場合、「Instagram住民」として位置づけをしておくのです。

・「私はYouTubeしか見ない」
・「僕は短文&文字が好きだからTwitter派だ」
・「私は写真やショート動画が好きなのでInstagramが好き」

・「SNSは昔から仕事でも使うFacebookしか開きません」
といった具合に、住民の「好みや目的」を把握していくと、自分の業種にマッチしたお客さんが、どのSNSに集まっているのかを把握できるようになるのです。

ネイルアートが好きな人は「Instagram」に多く集まる傾向がありますし、料理好きは「YouTube」でもつくり方を視聴します。ビジネス系は「Twitter」で情報拡散を狙うなど、顧客の興味関心の矛先を見ていけるようになると、自分の業種に合ったSNSがどれなのかを判断し発信も上手く活用できるようになります。

絶対ハズせない！「手話のジャンル」に最も適したSNSは？

私自身、2年間すべてのSNSを運用し、時には「有料広告」を使いながら手話のジャンルで発信をする場合、一番反応のいい媒体はどこなのかテストを繰り返してきました。

おそらくここまでお金と時間をかけて、しっかり反応率を計測したのは手話業界で私くらいではないか？　と思うほどです。

その結果をこの本を読んでいるあなただけにシェアします。

この情報を知るだけで、自分がどのSNSを使って発信すればいいのかを判断できるようになります。

２年間の分析結果：
手話業界で絶対ハズせない「最も適したSNS」は？

1位：YouTube
…圧倒的に支持されている動画コンテンツ
手話は「視覚言語」です。「動画x手話」で
情報を得られるので手話学習者からも人気です。
ただし、編集スキルや手間が必要となります。

2位：Instagram
… 1位のYouTube以上にリアルに
私が現在も日々利用しているSNS。
手軽に写真や動画を投稿できるので便利ですし
ファン化にも繋がりやすい媒体の1つです。

3位：Facebook
… 昔からSNSとして確立されている媒体の1つ。
有料広告にも最適です。 利用者の年齢は比較的高め。

4位：Twitter
… 手話は 写真や動画を好むユーザが多いため
他のSNSに比べ、文字情報の多いTwitter上には
手話に関連する情報もかなり少なめ。

おすすめのSNSは……

このように、手話のジャンルは「写真や動画」を扱っている媒体に集まっています。

今回、初めて手話の教室を開いてみたいと思う方は、やはり私の経験上「Instagram」をおすすめします。

最初から圧倒的な人気や知名度を狙っていきたい方は「YouTube」をおすすめしますが、YouTubeは「動画の倉庫」のような状態ですので、視聴者に自分の存在を知ってもらうには、やはり最低限、動画のクオリティーや編集スキルを担保しなければなりません。

そのため、時間も手間も必要となってきます。

ちなみに、両方やれば効果は2倍です。

ですが、最初のうちは「毎日更新」がポイントなので、継続して行えるものから始めましょう。

POINT

・早速、手軽&効果の高い「instagram」のアカウントを無料作成しよう!

3　手話の投稿は「2種類」だけでOK

手話の投稿は2つ

次に、どのような内容を投稿していくのか？

手話の投稿は、大きく分けて「2種類」あります。

①「信頼をつくる」ための投稿

②「スキル・知識」のための投稿

ここから説明していくSNS投稿例は、この2種類を意識した内容になっていくのですが、さらにわかりやすく「カテゴリーA・B」に分けます。

カテゴリA・Bを分けられるようになると、投稿時の全体のバランスが調和されます。

「今、どのカテゴリーの内容なのか」

「カテゴリー毎の投稿ボリュームは適当か」

「画像だけに偏っていないか」

「視聴者から見てクリックしたくなる文言になっているか」

動画や画像・文字を上手く活用しながら進めていきましょう。

❶「信頼をつくる」ための投稿

・カテゴリA【資格・公的機関・権威性】…安易に実現し難いような**「手の届かない・遠い存在・憧れ」**を意識

・カテゴリB【生徒との距離感・レッスン・教材・考え方・人生観】…リアルな生活を見せて**「感情や思考を含めた人間味ある投稿」**を意識

❷「スキル・知識」ための投稿

・カテゴリA【手話動画】…初心者でも簡単に覚えられるような画像・動画を投稿し**「私も手話やってみたい」という興味関心**に繋げる

・カテゴリB【手話の世界観】…手話の表現だけではなく、視聴者が「手話の読み取り練習」や「手話をもっと学びたい」と思えるような投稿を意識

❶「信頼をつくる」ための投稿

カテゴリA【資格・公的機関・権威性】

❶「信頼をつくる」ための投稿

カテゴリB【生徒との距離感・レッスン・教材・考え方・人生観】

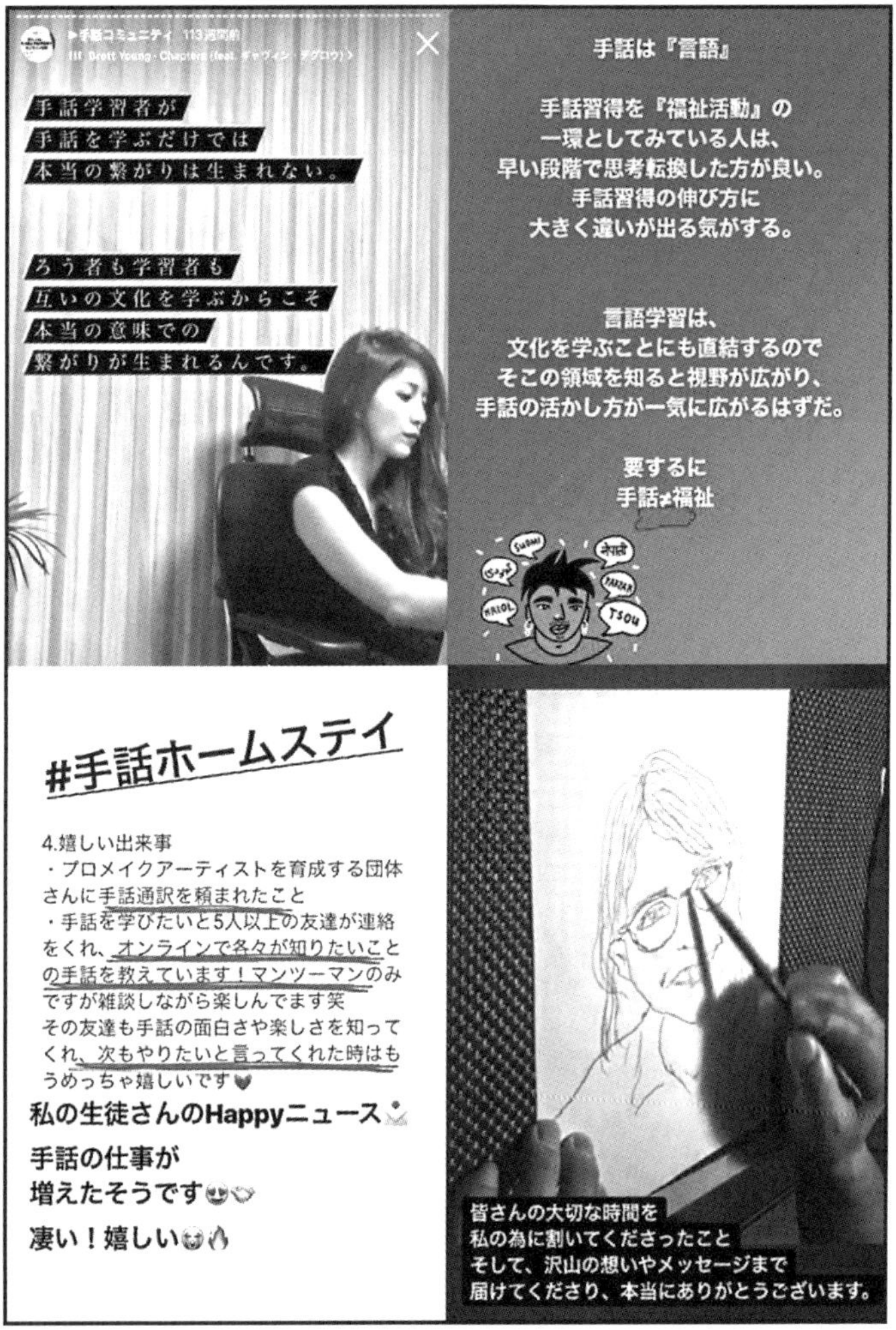
手話学習者が
手話を学ぶだけでは
本当の繋がりは生まれない。
ろう者も学習者も
互いの文化を学ぶからこそ
本当の意味での
繋がりが生まれるんです。
手話は『言語』
手話習得を『福祉活動』の
一環としてみている人は、
早い段階で思考転換した方が良い。
手話習得の伸び方に
大きく違いが出る気がする。
言語学習は、
文化を学ぶことにも直結するので
そこの領域を知ると視野が広がり、
手話の活かし方が一気に広がるはずだ。
要するに
手話≠福祉
#手話ホームステイ
4.嬉しい出来事
・プロメイクアーティストを育成する団体さんに手話通訳を頼まれたこと
・手話を学びたいと5人以上の友達が連絡をくれ、オンラインで各々が知りたいことの手話を教えています！マンツーマンのみですが雑談しながら楽しんでます笑
その友達も手話の面白さや楽しさを知ってくれ、次もやりたいと言ってくれた時はもうめっちゃ嬉しいです
私の生徒さんのHappyニュース
手話の仕事が
増えたそうです
凄い！嬉しい
皆さんの大切な時間を
私の為に割いてくださったこと
そして、沢山の想いやメッセージまで
届けてくださり、本当にありがとうございます。

❷「スキル・知識」ための投稿　　　　**カテゴリA【手話動画】**

❷「スキル・知識」ための投稿　　**カテゴリB【手話の世界観】**

カテゴリＢ【手話の世界観】では、主に「１分間ショート動画」や「１時間ライブのアーカイブ動画」をあげているのですが、実は、この「手話の世界観」は他のどのカテゴリーよりアクセス数・クリック率が高いのです。

その理由としては、【素顔を知ることができる／私生活感がでる／人柄が伝わる】が一度に凝縮されている投稿内容になっているカテゴリーだからです。

画像や動画から伝わる背景（さまざま情報）が視聴者にとって、「付加価値」として働いているケースが高いのです。

その証拠に、私がこのカテゴリーの投稿をすると、５分もしない間に「ＤＭ（ダイレクトメッセージ）」が何通も届きます。その他のカテゴリーを投稿しても１通すら届かないこともザラです。

それほど、この類の投稿は効果が絶大なので、あなたも意識し投稿することをおすすめします。

POINT

・最も効力のある投稿は「手話×投稿者の素顔・生活スタイル・人柄」の掛け合わせ。

4　「憧れの存在」を手にする見せ方

手話教室を始めるための最初の流れ

一度、ここまでの流れをまとめてみます。

【手話教室を始める―ステップ①：認知・興味―】

❶まずは自分の「存在」を知ってもらう（認知）

↓

❷無料ＳＮＳツールを使って発信を開始（認知）

↓

❸２種類の投稿を意識する

・「信頼をつくる」ための投稿

・「スキル・知識」のための投稿

これが手話教室を始めるための最初の流れです。

とは言え、まずはやってみることが一番大事です。

何かを学んでも「知っただけ・聞いただけ・覚えただけ」では、ただの「情報コレクター」に過ぎません。難しく考えず、とにかくやってみることです。

また、もう1つ注意すべきことは、

「投稿時の見た目をすべて統一させるべし！」

「投稿者の趣味や顔は載せるな」

「視聴側にとって参考になる有料級の内容だけを載せろ」

というようなことを発信している人もいるのですが、「無視」して構いません。

先生との距離感を想像してもらえるようにする

というのも、私たちがやりたいことは「手話の先生」として活動することを目的としています。

逆を考えればわかることですが、生徒が「この先生から学びたい」と思ってもらうためには、やはり、その先生（＝自分）のことを将来の生徒に知ってもらう必要があります。

「へ〜！　こんな先生なんだ。優しそうだな」

「面白そうな先生だな。話しやすそう！」

「出身が同じだ。話が合いそう」

「歳が近いから気軽に話せそう！　レッスン受けてみようかな」

このように「先生との距離感」を想像してもらえるようになると、それがキッカケで手話レッスンのオーダーも入ってくるようになります。

顔も名前も知らない、どのような雰囲気の先生なのかもわからないネット上の「誰か」にレッスンを申し込む人などいません。だからこそ、もっと自由に自分のことを知ってもらう活動を始めてみてください。最初からうまく発信できなくても大丈夫です。

少しずつ投稿の回数を増やしていくことで変化を起こすことが可能となります。

今後スマホやパソコンを使った情報提供はさらに拡大し続けます。

パソコンやスマホが流行りだした頃は、このような未来を誰が想像したでしょうか。

今では、オンライン上でのお買い物は何一つ特別なことでもありません。

つまり、ＳＮＳ発信も今の段階から取り組んでおかないと「出遅れ組」となっては遅いのです。

手話の魅力を発信し続ける

そのように、時代の流れを推測していくと、実は、「手話教室を始めること」への挑戦、さらに２ページ表のステップ①への挑戦、に対して臆する暇などないのです。

まずは投稿を始めよう

世の中の多くの人が「ＳＮＳを見る＝隙間時間」であることが多いです。

つまり、手話を勉強している人も、隙間時間を使って気軽に学習ができる画像・動画を求めていることも多く、複雑な情報は「スルー」の対象となります。

画面越しの関係（投稿者：視聴者）をグッと縮めるためにも、わかりやすい情報量で手話の魅力を伝える工夫も必要です。

そうすると、自然にあなたに対して「憧れ（ファンや信頼）」を抱く人も増えてきます。

「是非、手話のレッスンを受けさせてください」という問合せが届くのも夢ではありませんので、一緒に投稿を楽しみましょう。

POINT

・「顔も名前もわからない人」に誰もお金を払わない。

・発信は誰よりも早く取り組む→「出遅れ組」からの脱出。

5　海の中で自由に話せる「魔法の言語」

手話を題材にしたドラマや映画が増えた

私は多いときで、1日に2～3本映画を見て回るほどの映画好きなのですが、2022年からは「手話」を用いたドラマや映画が一気に増えました。

完全に「手話ブームの到来」といった印象です。例を挙げると、

・世界歴代興行収入No.1の超大作「アバター」
・YouTube 1000万回以上の再生回数で実話を元にした映画「僕が君の耳になる」
・Twitter 世界トレンド1位を記録する手話を用いた日本の恋愛ドラマ「silent」
・アメリカでも有名な大ヒット作品「エターナルズ」

どの作品も爆発的な人気となり、世界的な記録を残す話題の映画やドラマとなっています。

最近では、耳の聞こえないろう者の俳優・女優を起用するなど、手話や聞こえない世界で活躍する人の存在もピックアップされるようになってきました。

あの誰もが知る「タイタニック」を監督したJ・キャメロンが注目した「手話」の存在。

そのキャメロン監督が「手話」を用いて生み出した映画が「アバター」なのです。

その「アバター」では、海の中で泳ぎながら手話べり（手話での会話）をしているのですが、まるで「地上での会話」と錯覚するかのような感覚になりました。また、日本の手話と同じ表現を目にした瞬間は、嬉しさと同時に鳥肌が立つほど感動しました。

手話を知る者同士が海の世界に入れば、海の妖精となり「魔法の言語」の使い手になるのです。

海の中でしか味わえない感動に出会う

数年前、人生で初めて姉とダイビングをしたときの話です。

ディズニーの「ファインディング・ニモ」に出てくる魚を見つけて、こう言いました。

「お姉ちゃん見て！　映画のシーンそっくりだよね。今、このお魚も私たち人間を見て怖がっているのかな？」

「本当だ！　可愛い。多分ビックリしているよね。餌をあげてみて」

そんな会話を海の中でしたわけです。あなたは信じられますか。

きっと手話を知らない人からすれば、信じられずに疑ってしまうかもしれません。

ですが、私の姉もこの程度の会話でしたら手話で話せるので、不便することなく自由にお互いの感動の瞬間をタイムリーに共有できたのです。のちに、ダイビングインストラクターには、「海中で使える手段を教えてほしい」とのことで手話レッスンを行いました。

手話の出番がふくらむ教室

もし、手話が話せなかったら？

もちろん、海の中での会話なんて叶うはずもありません。

最近では、頭に宇宙服の被り物のような丸いヘルメットを被って潜ることもできるようですが、それよりも、好きな場所で好きなだけ話せる「魔法の言語＝手話」を扱えたほうが自由度も増して便利です。

手話の出番は、もちろん海の中に限った話ではありません。

私の場合、子供の運動会やお遊戯会、授業参観など数少ない貴重なイベントでも役立ちました。遠くで頑張っている姿を見守るだけでなく、目が合えばすぐに手話で話しかけ合うのです。

「かっこいいよ！　頑張ってね。笑顔だよ！」

「暑くない？　ちゃんと飲み物飲んでね」

このように、遠くに離れていても、好きなタイミングで我が子に話しかけることが可能です。

また、その光景を見た娘の友人からも「手話を教えて」と声をかけられることが増えたようで本人も嬉しそうでした。

手話は、窓越しや静かにしなくてはいけない場所、電車などでも自由に会話ができますし、「２人だけの秘密の会話」なんてことも可能になります。

【手話教室を始める―ステップ①：認知・興味―】

❶まずは自分の「存在」を知ってもらう（認知）

↓

❷無料ＳＮＳツールを使って発信を開始（認知）

↓

❸２種類の投稿を意識する

・「信頼をつくる」ための投稿

・「スキル・知識」のための投稿

POINT

・手話を「学ぶ」だけで終わるな。
多くの場で活用できる言語だから手話の可能性は無限なのだ。

6　ＳＮＳで繋がる仲間の存在

手話の業界は発信者が少ない

私は手話の発信をＳＮＳで開始してから「約1か月」で生活が大きく一変しました。投稿を開始して数日経過したある日の朝のことです。目が覚めると、スマホやパソコンの画面に何十件ものメールや問い合わせ・友達申請の通知が届いているのです。

最初は何が起きているのかわからず、とにかく現状を把握することに必死でした。何事かと恐る恐る調べてみたところ、投稿した手話動画に、ＳＮＳのアルゴリズム（投稿の伸び率を加速させるための算法や手順の最適化）が働き、瞬時に投稿記事が拡散されたのです。

多いときには友達申請が６００件以上を超えるときもありました。

「私は人気者だ」と自慢をしているわけではありません。

何が言いたいのかというと、手話の世界はよくも悪くも「情報が拡散されやすい」ということです。通常、デビューしたばかりの業界の新人は目立つはずがありません。

芸能界や俳優・女優の世界、板前・調理師・パティシエなどに置き換えるとわかるのですが、多くの業界では、新人が人気が出るようになるまでには、「修業期間」のような下積み時期が存在します。

１年、３年、長くて10年以上もの期間、目立った活動ができないお仕事もあります。

一方、手話の業界は発信者の数が圧倒的に少ない業界の１つでもあります。

ほんの少しの手話の投稿で、一気に拡散されるような情報網が広がっています。

ではなぜ、ネット社会が拡大するなか手話の業界は、発信者が少ないのでしょうか。

答えは明確です。

手話の世界は、安易に知識のない素人が素手で入っていけない「奥深い文化と歴史」が存在するからです。

この部分をしっかり把握していない状態で、大きな取り組みを行うことは不可能です。

重要なキーパーソンとなる人

手話の業界での専門的な知識を持ちつつ、上手く情報発信を掛け合わすことができる存在の人は、手話の業界を大きく変化させ、先陣となり新しい活動を発展させる必要があるのです。

そのような革命的な活動を行うことができる存在は非常に希少ですし、今後も手話界を活性化させる「欠かせない重要なキーパーソン」となるのです。

素人が素手で入っていけない「奥深い文化と歴史」というワードでピンときた方は、将来の「欠かせない重要なキーパーソン」となる可能性を持っています。

是非、手話の魅力を広げる活動家として発信を始めてほしいと切に願います。

手話の世界は、今後も多くの可能性に満ちた未来が待っています。

私の耳の聞こえない（ろう者）友人は、毎日私たちがメールを送受信するのと同じ感覚で世界中のDeaf（難聴者・ろう者）の知人・友人とコミュニケーションを楽しんでいるのです。もちろん、そのビデオ通話は「無料」ですし、好きな時間に何時間でも自由に使い放題です。

Zoomやスカイプや LINE などでも使い方次第で無限に活用できてしまいます。

手話という言語は世界を繋ぐ大きな役割を担っているのです。

ちなみに手話は「世界共通ではない」とお伝えしましたが、実をいうと「日本の手話」と「韓国の手話」は驚くほどよく似ているのです。

以前、海外のSNSを見ていたときに、韓国のドラマで手話を使ってやり取りをしているシーンが映っていたのです。「これは日本のドラマ?」と勘違いしてしまうほど、韓国の手話と日本の手話がよく似ていたので、とても感動したのを覚えています。

もしかすると、ゼロから韓国語を学ぶよりも、韓国手話を学んでしまったほうが、すぐに韓国の方と交流ができるのではないかと驚いたほどです。

Instagram は特に外国の方とのリンクがスムーズなので、国際交流には最適です。

国際手話や日本手話・アメリカ手話を巧みに操る手話ペラペラな友人

手話は、全国共通ではないため各国の手話を覚える必要があるのですが、私の友人のように、SNSを上手に活用しながら手話を学習をすることは誰にでもできることです。多くの外国人と交流をしながら手話を使う機会を増やしていけば、短期間で「生きた手話力」を身に付けることも可能となります。

ちなみに、私は「日本手話」と「日本語対応手話」を専門に習得してきたため、アメリカ手話や国際手話の知識には乏しいです。SNSを通して自由に各国の手話言語を使い分けながら楽しそうに交流を深めている友人を見て羨ましく思います。

その観点から見ると、SNSは情報の提供・収集の場だけではなく、学びの場（インプット・アウトプット）を兼ねた最高のツールとしても活用することができます。

また、SNSは世界中のユーザーが繋がる場です。

多くの人と出会えることで、新しい価値観を生み出すことができたり、自身の新しい人生の楽しみ方をつくりだせるきっかけとなるかもしれません。

別のろう者の友人は、Instagram ライブで旅行へ行き、その国に住む Deaf の方と仲良くなると、後日、旅行に行った際には、直接現地で合流し、その仲良くなったDeafの方に観光案内をしてもらったそうです。

このように「SNS×手話」は相性も良く、スキルアップだけでなく普段なかなか出会うことのない耳の聞こえない人とのコミュニケーションも期待できる場となっています。周りに手話を学ぶ人が増えていけば、手話を使って会話をするタイミングも多くなります。

SNSは手話の投稿も増えていますし、今後は海外の手話を学ぶ人も増えるかもしれません。

もし、あなたがまだSNSを活用できていない場合はぜひ今日から取り組んでみてください。

この一歩が新しい出会いとワクワクを生み出す瞬間なのかもしれません。

POINT

・手話界を盛り上げる「欠かせない重要なキーパーソン」が存在する。

・外国人とSNSで交流すれば短期間で「生きた手話力」を習得できる。

第 3 章

将来の生徒を呼び込む

【絵】娘：Juri

1　主婦でもできるカンタン手話教室
――ステップ②：お客さんを呼び込む――

お客さんの呼び込み方（集客）

あなたのご家族や知人に、ピアノの先生や料理教室の先生、塾の先生はいますか？

普段、その先生たちはどんなことに悩んでいるか聞いたことはありますか？

なぜ、このような質問をしたかというと、実は、お教室などの仕事を始めるときには、必ずといっていいほどぶつかる壁が存在します。

それは「お客さんの呼び込み方（集客）」です。


もし今あなたが自宅で手話教室を開いたとしましょう。

明日、あなたの元にお客さんはやってきますか？　そうです。黙っていてもお客さんが次々と舞い込むというような夢物語を、期待してはいけません。自らお客さんを呼び込み、あなたの手話教室の存在を1人でも多くの人に知ってもらう必要があります。まずは認知してもらうことで集客へとつなげていきましょう。

そして最終的には、あなたの手話レッスンを何度も繰り返し受講してくれるようなお客さん（生徒）を多く集めてほしいのです。

私の場合「２か月先までレッスンの予約が取れない」という状態になったのですが、もちろん最初から順調だったわけではありません。

・体験レッスンから次のコースへ案内ができない
・値段設定が曖昧
・お客さん（生徒）がなかなか集まらない
・リピート受講に繋がらない
・単発レッスンは多いがコース受講者が少ない

このような悩みを抱えていた時期もありました。特に「お客さん（生徒）がなかなか集まらない」という悩みは、どのようなジャンルのお仕事にも付きまとう永遠の課題です。

では、どうすれば安定的にお客さんを呼び込むことができるようになるのでしょうか。

私の成功事例だけでなく、デュミシェル Plus 講座：「手話教室のつくり方」（リアル講座）の私の生徒たちも全く同じ方法で新規顧客を集めることに成功しています。

ですので、この章ではあなたにも再現できる新規の生徒を呼ぶ「３つの成功法則」をお伝えしていきます。

2　新規の生徒を呼ぶ「3つの成功法則」

多くの人は他人に興味がない

まず大前提として、頭にいれておかなくてはならないことは、「多くの人は、他人に興味がない」ということです。基本的に自分のことで手一杯な人も多いです。

「こう言ったら、なんて言われるだろう」

「私だけ場違いな気がする」

「こんな私を見て、他の人はどのように思うかな」

このような不安を感じている方も多いかと思います。

ですが、それはハッキリ言って自意識過剰に過ぎません。

そもそも私たちのような一般人は有名人のように、心配する必要もありませんし、誰もあなたのことを24時間監視している人もいません。安心して活動し続けてください。

新規の生徒を呼び込む3つの成功法則とは

早速あなたに「新規の生徒を呼び込む成功法則」をお伝えします。

【新規の生徒を呼び込む3つの成功法則】

❶ 手話を見せて興味を引く。
❷ 簡単な手話を無料で教える。
❸ 「手話教室始めました」と伝え、アポイントへ繋げる。

見ての通り、決して難しいものばかりではありません。

この3つのポイントは「新規の生徒を呼び込む成功法則」には欠かせないものとなります。

私が手話の講師となった駆け出しの時から、この方法が基本ベースとなっています。

また、実際に「手話教室のつくり方」の講座生（講師経験ゼロの主婦）もこの方法で新規の生徒を呼び込むことに成功しています。

ちなみに、❶番（手話を見せて興味を引く）をなくして手話レッスンの申し込みは来ませんし、❷番（簡単な手話を無料で教える）をやりすぎてもいけません。無料で簡単な手話を教えるのは「1回」で充分です。

そして、❸番（「手話教室はじめました」と宣伝）を1回行ったからといって、すぐにレッスンの申し込みが入るということもありません。

この「3つの成功法則」は必ずセットなのです。

「自分には無理なんだ」と諦めないこと

既に「手話教室」を開いて成果を出している生徒の共通点は、「3つの成功法則」を徹底的に繰り返しています。

私の場合は、日常生活の中で咄嗟に手話で会話を行うことも多いです。

通常は日本語で話せばいいことも気づけば手話で返答しているのです。もちろん、声を出さずに手話のみでやりとりをはじめるので、話し相手は驚きつつも、かなり興味を持ってくれます。

また他にも、日本語を話しながら手話（日本語対応手話）を表現することもあります。

このように、普段は手話に無縁な人にも、こちらからのアクションによって、手話への関心を高めることが可能になります。

ここでのポイントは「楽しそう／カッコいい」と思ってもらえることが大事です。

怖そうな顔をして手話を話していても、単純に「怖い人」で終わりますし、イライラしながら手話を表現してしまうと、マイナス印象どころか「手話＝難しい＝自分には無縁」という印象になり、悪いイメージを固定させてしまうことになります。

手話を習得することで、「どのようなメリットがあるのか／どう変わることができるのか」。

このように、未来の自分の姿やワクワク感を相手に想像させることができると、自然と「いいな！私も手話を学びたい」という申し込みが増えてくるのです。

そのタイミングで「手話教室始めました」と伝えるだけで相手の興味に一瞬で火がつきます。

ただし、焦りは禁物です。
❶番（手話を見せて興味を引く）と❷番（簡単な手話を無料で教える）が、しっかりできてない状態で「手話教室始めました」と案内したところで誰も興味を持ってくれることはありません。
焦らず、じっくり❶番と❷番に時間をかけてください。

具体的な発信のバランスに関しては「手話教室のつくり方」のリアル講座版で詳しく解説しています。

興味がある方は、一番後ろのページにある「プレゼント動画」を参考にしてください。

POINT

【流れの確認】

手話の投稿→興味→手話をいくつか教える（無料）教室の存在。

3　お客さん（生徒）の行動心理

あなたに質問

ここで1つ、あなたに質問です。

もし今、あなたが「顔のシミ」で悩んでいるとした場合、どの専門家へ相談しますか？

専門家A：顔のたるみをグイッと引き上げる「顔トレ専門家」

専門家B：脱・老け顔　あなたのシミ・シワを「5秒で消すメイク術」

答えは明確ですね。シミで悩んでいるのですから「B」の専門家へ行くと思います。

他でもこの質問のアンケートを取った結果、圧倒的に「B」が人気でした。

「A」は、顔のたるみ解消を目的にした人には効果的ですが「シミ」とは無縁です。

Bの専門家のほうが一瞬で「シミ」の悩みが解決しそうですし、悩みを解消するまでの、時間も労力も最小限で済んでしまうイメージすら浮かびます。

このように、決まった特定の悩み（顔のシミ）で悩んでいる人には、他の商品（たるみ・筋トレ）を提供されても比較対象にならず、宣伝効果を発揮することができないのです。

悩みをダイレクトに解消できるようなキーワード選びが重要です。

生徒の悩みを解決する方法を明記すること

「生徒がどんなことに悩んでいるのか?」ということをしっかり明記し、さらに「私はあなたの悩みを解決できる手段をもっています」という事実を伝える必要があります。

・具体的にどのように明記すればいいのか?
・かっこいい宣伝キーワードを考える必要があるのか?
・実績や指導経験がないとそもそもダメなのでは?

このように感じている方も多いと思います。もちろん、そのような心配は「不要」です。

実際、私自身も手話通訳士ではありませんが、このように手話を普及・拡大に挑み続けています。今では、数万人規模の人と関わりを持ちながら、新聞やラジオ・雑誌を通して、手話の魅力を伝えることができています。

そのお陰で「47都道府県のろう学校へ寄付をする」という大きな夢も実現できるようになりました。手話の普及活動には「聞こえる・聞こえない」等の聴力レベルは関係ありません。

誰もが自由に手話を広げる活動に取り組んでいいのです。手話は誰かの所有物でもありませんし、英語や日本語と同様「1つの言語」なのです。この部分を忘れてはいけません。

重要なことは「手話の何を提供できる人なのか」「どのような悩みを解決できる人なのか」この部分が明確であれば、お客さん（生徒）は必ずあなたの元へやってきます。

【お客さんを呼び込むSNS発信】

❶お客さん（生徒）が知りたくなる情報

・あなたの投稿を見る&読むメリットは何か？
・手話に対する思いが含まれたストーリーを語っているか？
・お客さん（生徒）のレベルに合った投稿になっているか？

❷プロフィール写真が好印象

・プロフィール画像はプロに撮影してもらった写真か？
（自撮りでもいいが、画質や自撮り感が目立つ場合はNG）
・笑顔や誠実さ・優しさなども伝わるか？

❸自己紹介欄が「信頼」に繋がる内容

・実績や経歴は記載しているか？（○○検定試験○級合格 etc...）
・他の手話講師との違いは何か？差別化はできているか？

お客さんを呼び込むＳＮＳ発信の特徴

実は、お客さん（生徒）の呼び込みが得意な人のＳＮＳや個人メディアには、ある特徴があります。

今回はＳＮＳでの情報発信に絞ってお届けします。

84ページの表にある❶～❸は、ＳＮＳ集客をする上で、意識すべき重要な項目です。

それぞれ質問形式になっているので、自分のターゲットや目的に合わせて内容を明確に決めていきましょう。

Ａ４の白い紙を用意して、１つひとつ丁寧に設定してください。

書き終えたら早速、自分のＳＮＳを開いて再確認し、❶～❸がクリアできているかチェックをしてみてください。

POINT

・生徒の悩みや問題を解決し、手話が楽しく学べるような特別な場所（ＳＮＳ）にするべき。

4 悪魔の罠「ＳＮＳ上の仮想生徒」

集客方法はいろいろあるが、おすすめはＳＮＳ発信

新しいお客さんを呼び込む方法は、他にもあります。

ＳＮＳ発信
お教室チラシ
ママ友や知り合いの口コミ（紹介）
・マンツーマンレッスン教室サイト登録
・オーガニック検索（SEO）
・広告 etc..

このように集客方法は色々あるのですが、押さえるべき集客方法は、やはり「ＳＮＳ発信」です。

「ＳＮＳ」と聞くだけで「若い人がやるものだ。私には無理だ」と思ってしまう人がいるかもしれません。

しかし、今のＳＮＳのツールは、簡単に自分の好きな画像や動画を載せることができます。

難しく考えずにまずは無料アカウントを登録してみましょう。

【「SNS集客」を推奨する理由】
・**初期投資「0円」**で気軽に始められる。
・**スキマ時間**に自由に好きな投稿ができる。
・発信者が少ないジャンルなので**拡散効果が比較的早い**。

ひと昔前は「ホームページがないと信用性に欠ける」という認識がありました。

ですが、最近では「SNS＝自社サイト」という認識も広まっているので、高額な経費を出してわざわざホームページをつくる必要もなくなってきています。

また、最近の傾向として何か気になる人や商品を見つけたとき、「その人がどういう人なのか？」「どのような商品なのか？」「使っている人の感想はどうか？」これらを調べる手段として、Google検索やYahoo検索とは別に、Instagram・Twitter・Facebookで「タグ検索（#）」をする人が急増しています。

GoogleやYahooで検索をかけても、SNSの情報がピックアップされることも多いので、やはり「SNS発信」は、行なっておくべき集客方法なのです。

0円で始められる効果的な宣伝媒体なので使わない手はありません。

「SNS」で1人・2人と興味を示してくれたら「次のステージ」へ突入

SNSで発信を行っていくと、投稿欄にコメントやいいねの反応が付くようになります。

あなたの情報発信を見ている人が増えている証拠です。

それだけでなく、あなたの情報を信頼し、かつファン化している傾向にあるので非常にいい傾向です。

興味を持ってもらえるようになったら、次は具体的に何を行えばいいでしょうか。

アポイント（日時や場所を決めた予約）をとってもらう

この「アポイント取り」を見落としてしまう人も多いです。

というのもSNSには、コメント機能やDM（ダイレクトメッセージ）という連絡手段があり、誰でも気軽にアカウントの所有者とメッセージのやり取りが可能になります。

この便利さが故に、教室へのアポイントをコメントやDM上で完結させてしまうケースが増えています。これは一見、便利に見える機能ですが、私含め、私の教え子もSNSでのアポイントのやりとりで同じ失敗を経験しました。

後々、大きな失敗（損失）となるので、あなたは事前に把握し対策をとってください。

その失敗とは、次の通りです。

レッスン時間になっても生徒が来なかった

さすがにショックでしたし、虚しくなりました（笑）。

私の場合、起業当初は最寄りのカフェテリアでレッスンを行っていました。

しかし、ＳＮＳでやり取りした約束の時間になっても生徒が来ないのです。

慌てて連絡をしようと思いＳＮＳを開くと、アカウントが削除されており連絡がつかないのです。

いわゆる、ＳＮＳ上に存在する「仮想生徒」だったのです。

さらに、私の教え子の場合も同様で、約束の時間になっても生徒がこなかったそうです。

幸い、彼女の場合はオンラインレッスンだったので私ほどの労力はかかっていなかったようですが、それでも時間を無駄にしたことには変わりありません。

これは手話のレッスンに限った話ではなく、突然のキャンセルはある程度想定しておくことも忘れてはいけません。

アポイントは公式LINEかメールで行う

では、どのような対策をとればよいのでしょうか。この策を講ずれば、時間や労力の損失は格段に減少します。

「仮想生徒」をつくらない対策は、アポイント取りを「公式LINE」か「メール」で行うことです。

ここが重要です。今からレッスンを行う生徒の情報を何1つわからずに、対面するということは、一般的に考えても少しおかしな話です。いくらSNSで気軽にレッスンを申し込めるとしても、最終的には金銭のやりとりがあるはずです。

最低でも、お名前・メール等の情報を、レッスンの予約時に生徒へ聞いておく必要があります。これは、手話の教室に限った話ではなく、レッスンやお教室を開いてSNSでお客さんを集めている方には気をつけていただきたい点です。

生徒とのやり取りで、特におすすめしたいのは「公式LINE」です。

非常に便利で使い勝手がいい上に、個人のLINEアカウントとは別の「お仕事用アカウント」を作成できるので講師としての権威性もでますし、勿論、プライベートLINEと分けられるので安心して活用できます。

POINT

・レッスンの予約はSNSで済ませない。必ず名前やメールなど最低限の情報は把握すること。

5 「1対1」手話レッスンの全体像

肝心なのは手話教室の運営

手話教室を始めることを前提に情報発信を進めている方も多いかと思いますが、一番肝心なことを忘れてはいけません。

それは、「手話教室の運営・収益化」です。

言い換えると、お客さん（生徒）と手話レッスンを行い、対価としてお金を得るのです。

この導線から外れてしまっては、そもそも手話の普及活動を継続することができません。

ゴールを見失い、闇雲に情報発信だけを行えば、手話教室の運営すら止まってしまいます。

これでは、長期で手話を普及させることも難しいですし、せっかく好きなことをお仕事にするチャンスを手放してしまうようなものです。

時間も身体も余裕があり、ボランティアや趣味感覚で手話の普及を楽しみたい方は、収益化など気にする必要はありませんが、世の中そんなに暇で、人生を悠々自適に過ごしている方は、早々見当たりません。

また、手話界にも「教育やお金の循環」をつくり出すキッカケを増やす視点も必要です。

無料（0円）で何かを提供し続けることは、経済の循環を止めることにもなります。

ですので「手話という言語の価値」を自らが下げないよう、そもそも考え方をシフトしていく必要があります。

英語教室やフランス語教室のように、「知識」をお金に変え、言語の価値を高め続けていく重要性もあるのです。

手話教室の始め方の全体像

ここで、手話教室の始め方の全体像をまとめました。

【手話教室の始め方】　～ここまでの流れ～

❶ＳＮＳ等を使って手話の投稿**（自分の存在を周知させる）**　↓ステップ①（48ページ）参照
❷お客さんを集める（集客）　↓ステップ②（76ページ）参照
❸手話教室の存在を伝える（予約をとる方法を提示）　↓ステップ③（102ページ）参照
❹レッスン開始（サポート）　↓ステップ④（115ページ）・⑤（132ページ）参照
❺アフターフォロー　↓ステップ⑥（156ページ）・⑦（168ページ）参照
❻新サービス案内　↓ステップ⑥・⑦参照

ここまで「❸手話教室の存在を伝える（予約をとる方法を提示）」まで説明をしてきました。
次の6項では「公式LINE」を使った手話教室の流れに入ります。

POINT

・ゴールは「手話教室の運営・利益化」
長期で活動ができるノウハウを知っておこう。

6 「公式LINE」を使った手話教室

SNSであなたの投稿に、コメントやいいね・DMなどの反応が出てきたら、次に「手話教室の存在」をアピールするステージに入ります。

その際に必ず「予約の取り方」を合わせて提示する必要があります。

86ページの4項『悪魔の罠「SNS上の仮想生徒」』でもお伝えした通り、コメント欄やDMからの予約は、当日ドタキャンの可能性も念頭に置いておく必要があります。

それだけでなく、お客さん（生徒）のアポイントが「1名」入ったとしても浮かれてはいけません。というのも、

（1）は　たまたま
（2）は　偶然
（3）で　確信

つまり、生徒1人目の予約は「たまたま」に過ぎませんし、2人目で「偶然」そして3人目の予約で、ようやく「確信」へと変わるのです。

それまでは浮かれてはいけません。
（1）をクリアしたら、次は（2）を早く達成し、（3）を叶えてください。

・点（1）から線（2）に
・線（2）から面（3）に

（3）までつくれば、最小単位の面ができます。そうすれば共通点が見えてきます。
忘れてはならないことは1人目の生徒を呼び込んだ導線（獲得できた流れ）を思い出し、できるだけ再現を考えながら2人目を呼び込むのです。

考えてもわからない場合は、レッスンを受ける生徒に直接聞くといいです。お客さん（生徒）が、

答えを持っています。

・どうやって私のことを知りましたか？
・何が決め手となってレッスンを受けようと思われましたか？
・何処で私の発信をみましたか？

このように聞いてみるといいです。

「継続的な集客」ができるようになってからが、ようやく一人前の講師なのです。

公式LIENアカウントの登録方法

ではここからは、生徒がレッスンの予約をとる手段として活用できる「公式LINE」の登録方法をお伝えします。

LINEは「個人アカウント」と「公式アカウント」があるため、プライベートと仕事を分けることができ安心です。

さらに無料で利用できるため、多くのフリーランスの方にも支持されている人気ツールの1つです。

「公式LINE」のアカウント登録をしてみましょう。

「公式LINE」は、次の３つのコースがあり、配信数で料金が変わります（※２０２３年2月時点）。

・フリープラン（無料：１０００通）
・ライトプラン（５０００円：１５０００通）
・スタンダードプラン（１５０００円：４５０００通）
最初のうちは、生徒の数も少ないので、「フリープラン（無料：１０００通）」でOKです。

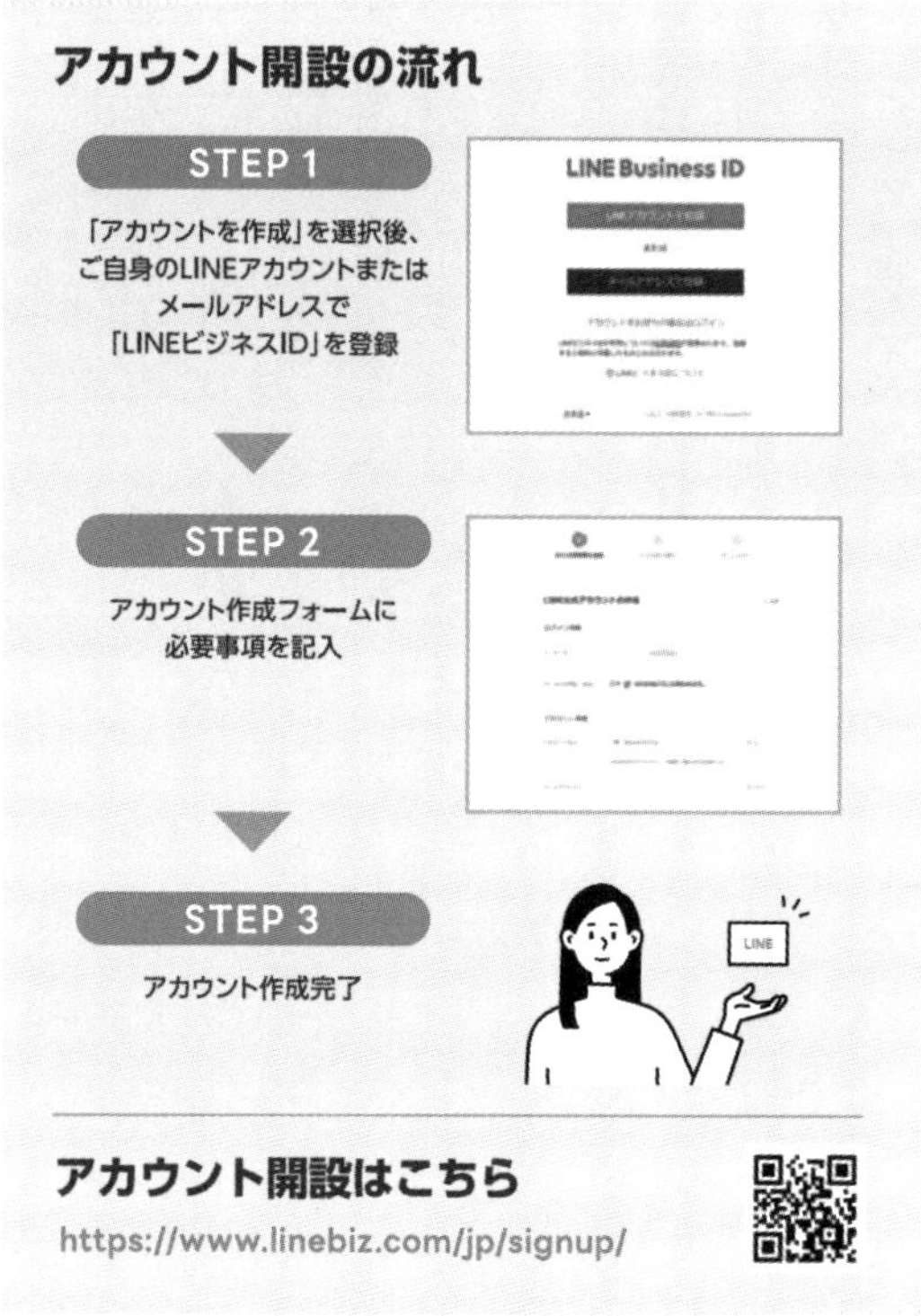

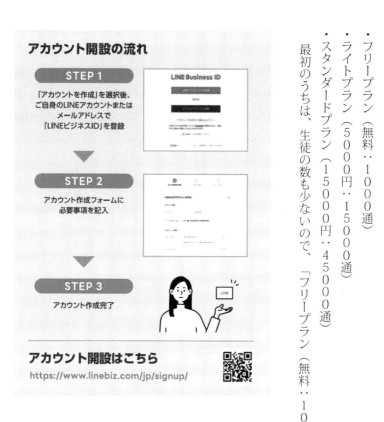

アカウント開設の流れ
STEP 1
「アカウントを作成」を選択後、
ご自身のLINEアカウントまたは
メールアドレスで
「LINEビジネスID」を登録
LINE Business ID
STEP 2
アカウント作成フォームに
必要事項を記入
STEP 3
アカウント作成完了
LINE
アカウント開設はこちら
https://www.linebiz.com/jp/signup/

アカウント開設後にやるべきこと

管理画面にログインしましょう。細やかな設定の変更が可能です。やるべきことは【アカウント開設後にやるべき「３つの設定」表】の「３つ」だけでＯＫです。アカウント登録を進めていけば、写真や動画付きで説明が見られますので、❶や❷の設定に関しては、マニュアルを見ながら進めていきましょう。

【アカウント開設後にやるべき「3つの設定」】

❶　プロフィールを編集。
❷　友だち登録後の自動返信メッセージを設定。
❸　「お友だち登録ＵＲＬ」と「ＱＲコード」を保存しＳＮＳに貼る。

公式LINEは、お客さんとレッスンの予約を取る際の連絡ツールです。この作業のゴールは❸「お友だち登録ＵＲＬとＱＲコードを保存してＳＮＳに貼る」。このゴールを達成すれば、手話教室への導線（下地）はバッチリです。左の図の位置から「アカウントＩＤ」と「ＱＲコード」を取得できます。

「お友だち登録URL」や「QRコード」を保存したら、SNS上のプロフィール欄や投稿記事に貼り付けましょう。

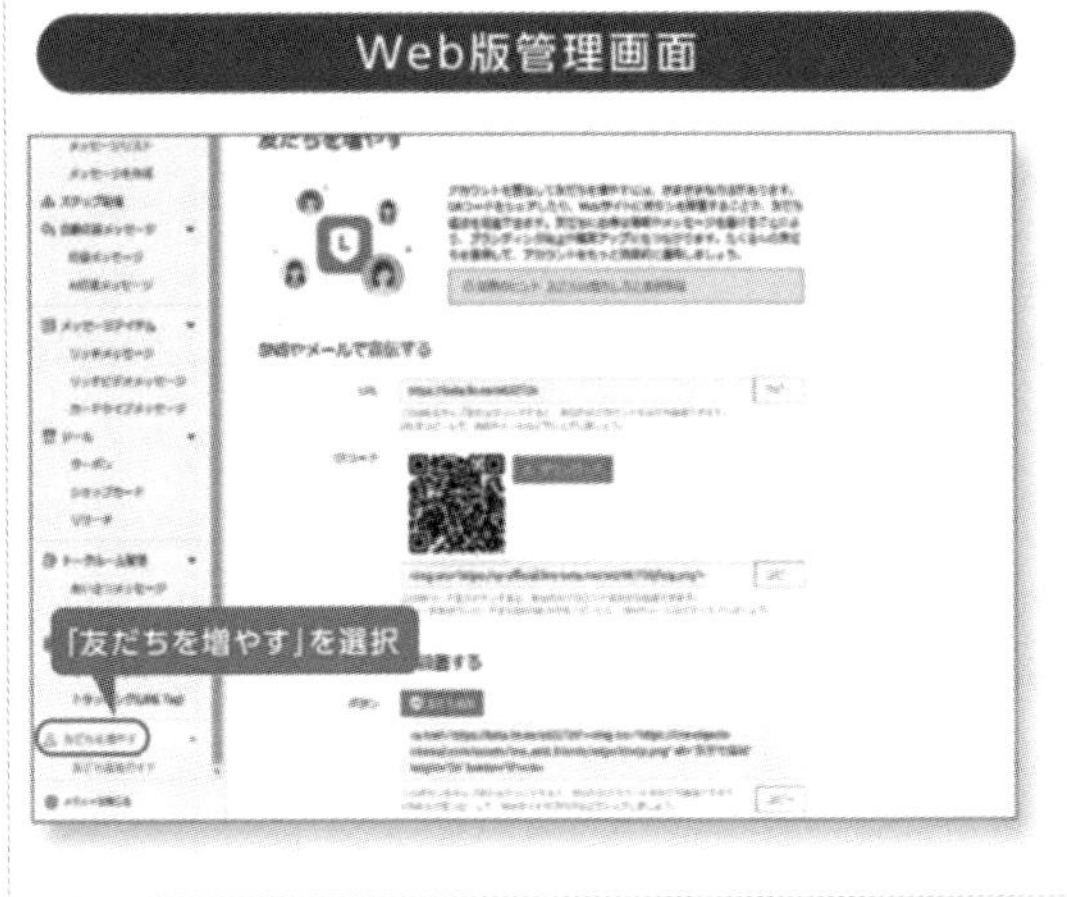

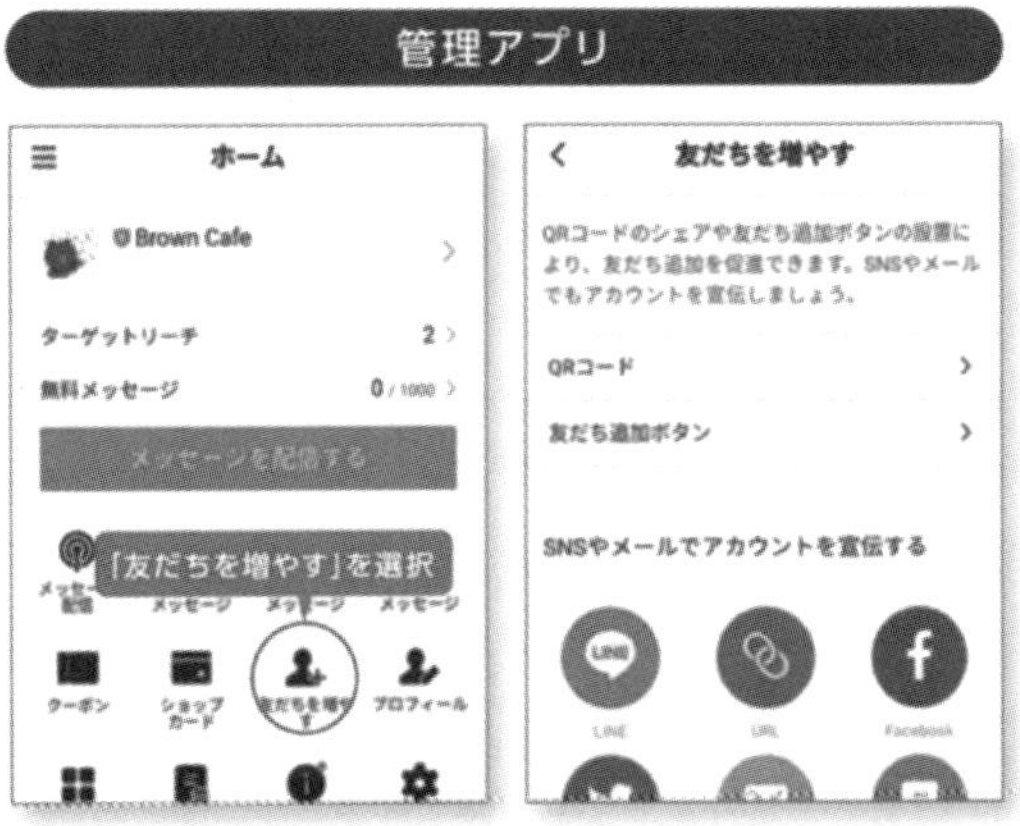

Instagram の画面

手話の情報発信は「Instagram」がおすすめなので、ここではInstagramの画面（実際の私のアカウント）を参考にします。

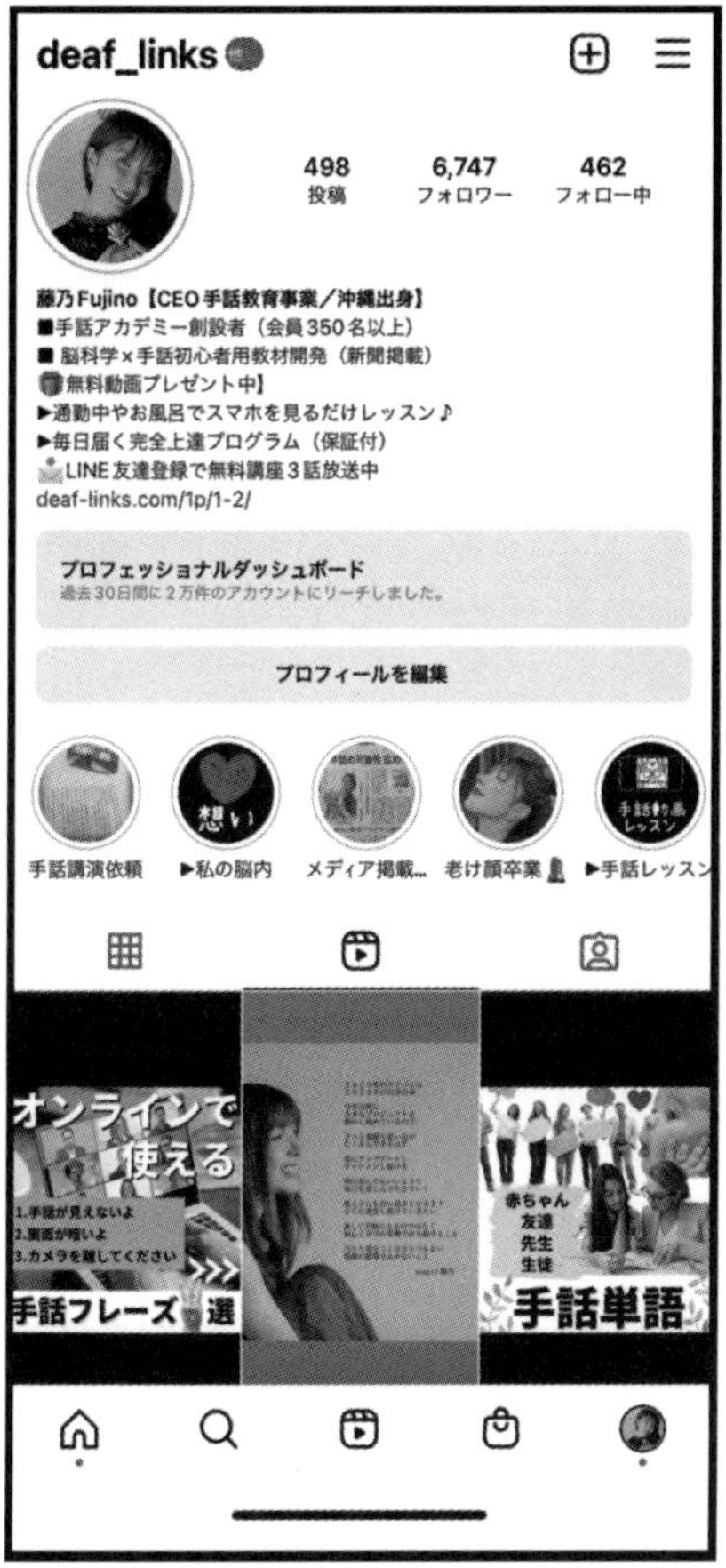

プロフィール文が羅列されている部分の下（https://deaf-links.com/1p/1-2/）のＵＲＬの位置に、あなたのお仕事用LINEのお友達登録URLを貼り付ければ完了です。

また、文字などの編集は「プロフィールを編集」をクリックすれば自由に変更が可能です。実際に編集をしてみましょう。

【マンツーマン手話レッスン申し込みはコチラ▼】公式LINEのお友達登録URL

このように好きなメッセージや連絡先を載せておけば完了です。
「公式LINE」を使った手話教室の入り口としてのベースが整いました。

次は、いよいよレッスン前の準備に取り掛かりましょう。難しい設定などはありません。
「こんなレッスンをしたいな～」と胸を躍らせ、先生になった自分を想像しながら楽しんでいきましょう。

肩の力を抜いて、ワクワクした気持ちで考えると案外いいカリキュラムができます。

POINT

・SNS集客からLINEへの導線は、申し込み率も高いのでオススメ。

第 4 章

レッスン前の準備

【絵】母＆娘

1　主婦でもできるカンタン手話教室
―ステップ③：何十倍の収益を生む「LINE活用術」―

全体像を把握しよう

いよいよお客さん（生徒）を迎えるステージに突入です。

この章では「手話マンツーマンレッスン」の予約を取る過程で、実際に私や教え子が経験したトラブルケースや準備しておくべきこと等をお伝えします。

何事もそうですが、事前に流れを把握しておくことで大きなトラブルを避けることができますし、余裕をもった取り組みができるので、何か新しいことを始めるときは「全体像」をある程度、把握しておくことです。

まずは、手話教室を盛り上げるための「絶対欠かせないLINE活用術」です。

この方法を知るだけで、苦労することなく何十倍の収益を生み出すことができますので、必ず最後まで読み込んでください。

ここで私の王道の学習法を補足しておくと、自分だけのメモを直接本に書き込み、何度も繰り返し読むことをおすすめします。

・お風呂やトイレ、集中して学習するために読み込む＆書き込む用の1冊
・通勤電車の中など、自由にいつでも読める持ち運び用の1冊

を用意する方法もあります。

私の場合、お気に入りの本は、必ず2冊購入し、目的に合わせて使い分けを楽しんでいます。

余談はこの辺にして、何十倍の収益を生む「絶対欠かせないLINE活用術」に入りましょう。

商品案内はPUSH（プッシュ）型

答えからお伝えすると、ズバリ「PUSH（プッシュ）型」で商品を案内する。

これは「公式LINE」の特性を活かした商品の案内方法の1つです。

少し難しく感じる方もいるかと思いますので、図を使って説明をします。

〔PUSH型とPULL型について〕

PUSH（押す）することで、もう一度、生徒にレッスンに興味を持ってもらえます。

ちなみに、１０３ページの図にあるように、お客さんに興味を持ってもらうために発信をしているFacebookなどのSNSは、「PULL（プル）型」の役割を担っているのです。

【PUSH（プッシュ）型】
商品・サービスを提供する側からお客さんに対してアプローチする方法
（例：新メニューを生徒に発信→興味を持ってもらう）

【PULL（プル）型】
お客さん側から提供者へアプローチしてもらうよう画策する方法
（例：手話レッスンを受講したい→LINEでレッスンの予約を取る）

提供側が商品やサービスの宣伝を行う際にはさまざまなアプローチがありますが、大きく分ければ「PUSH型」と「PULL型」の2つに分類できるので、その両方のメリットをうまく活用すれば、あなたの手話教室にも大きく役立てることができるようになるはずです。

PUSH型の特性をもったLINEを使い、もう一度レッスンを受講した生徒に対し、新レッスンを提供してあげてください。

情報を提供することは、相手の成長を加速させる機会を生み出すので非常に価値のあることです。

憧れの先生や人気講師であればあるほど、その案内メールをきっかけに、レッスンの予約が入ります。それが、1名・5名・10名・20名……と増えるほど、一度で苦労することなく何十倍の収益を生み出すことができるのです。

ただし、売り込みは厳禁です。

あなたの「欲」に、お客さん（生徒）を振り回してはいけません。

適切なタイミングで、最適な商品を「価値に変え」提供できる存在になることです。

目先のお金に捉われず「信頼関係」をしっかり積み上げていくことにフォーカスしましょう。

のちに、大きな贈り物を運んできてくれます。

POINT

・PUSH型の機能が最大限に発揮するのは「信頼構築」が出来上がった〝瞬間〟だ。

2　うまくいく人は「Dカップ（DCAP）」

レッスンの「予約メール」

PULL（プル）型（※103ページ図）のSNS発信が効果を出してきた頃、徐々にあなたの元にはレッスンの予約メールが入ってきます。

【私の元に届いた「予約希望メール」の一部】

A「はじめまして。いつもInstagramの投稿楽しみにしています。
実は今度、子供の学校行事の一環で、絵本の読み聞かせがあるのですが、その際に手話を使って子供たちを楽しませよう！　という案が出ました。
そこで是非、藤乃先生に手話を教えてもらいたいのですが、予約は可能でしょうか？」

B「藤乃さん、突然のメッセージ失礼します。山田（仮名）と申します。
本日の投稿にありました手話のレッスンに関してですが、今からでも受講の予約は可能でしょうか。

手話を学ぶときは、藤乃先生から学ぶと決めていました。とても楽しみです！」

C「2ヶ月前からフォローさせていただいています。

マンツーマン手話教室の開講おめでとうございます。ぜひ私も受講したいです」

D「藤乃さん、レッスンの募集待っていました。ぜひ手話を教えてください。

2時間のレッスンは可能でしょうか。また、ZOOMレッスンのみでしょうか？

直接お会いしてレッスンをする事は可能でしょうか」


このようなメールが実際に届くようになりました。

とはいえ、最初から上手くいっていたわけではありません。下積み時代もありましたし、発信を続けていても、レッスン予約メールが1通も来ない時期もありました。

だからといって、手話教室の存在ばかりをアピールしていてはいい印象には繋がりません。余計に悪循環になります。

上手くいかないときこそ、冷静になることが重要です。

落ち着いて考えていくと、ようやく見えてくることがあります。
改善を要しているのはどの部分なのか。何が正解で何が駄目なのか。
この視点を持てるようになると、あなたの手話教室も必ずうまく成長します。

【「SNS↓レッスン予約」までの流れを再確認する】

(1)：コメントやいいねが一番多い投稿は？
(2)：予約メールが届くようになった時期を確認↓その時期に投稿した記事の共通点を探す
(3)：その共通点を踏まえて※新しい記事を投稿し反応を見る
※新しい投稿内容には「生徒の共通している悩み」を盛り込む

PDCAを回す

このように、私自身「PDCA（ピー・ディー・シー・エー）」を何度も繰り返していたからこそ、予約の取れない手話教室を実現できたのだと感じています。
最初から完璧な人間なんていません。手話の教室に限らず、どのジャンルも同じで失敗と改善の繰り返しに過ぎないのです。

最高の結果を手に入れている人は、見えないところで努力し諦めることなく走り続けています。自分の決めたゴール（成功基準）に向かって山登りをしているのです。

【Plan（計画）】……目標／目的を設定し実行計画（アクションプラン）を立てる。なぜそのような計画を立てるのか、論理的な視点も忘れてはいけない。

【Do（実行）】……計画を実行に移す。

【Check（測定・評価）】…実行したプランの検証を行う。特に計画通りに実行できなかった場合はその要因分析を行う。

【Action（対策・改善）】…今後どのような対策や改善を行っていくべきか検討する。仮説の検証、要因分析がしっかりと行えないと、誤った対応策を立てて再度失敗する可能性もあるので注意が必要。

ちなみに私のこだわりは「ＤＣＡＰ（通称：Ｄカップ）です。

一般的には「ＰＤＣＡ」のサイクルが多いですが、その取り組みに慣れない人（特に女性に多い）だと、そもそも考えるばかりで、いつまで経っても行動に移せない人も多いです。

さらに言えば、「プラン立て」だけで達成感を得てしまい、実際に次のステップに進む頃にはエネルギー切れになっているなんてことも多いです。

やるべきことが決まったら即行動

ですので、ある程度やるべきことが確定したら即行動「Do（実行）」です。

そして「Check（測定・評価）→Action（対策・改善）→Plan（計画）」を繰り返します。

即行動と聞くと、失敗や不安が先立つかもしれませんが、飛び込んでしまえば案外うまくいくことも多いです。

さらに言えば、短期間で環境ベースから自らを追い込むと最大限のパワーが捻出され、結果的に質のいい成果物が完成することも多いのです。

もし、あなたがあれこれと時間をかけ、考えてばかりの性格なのでしたら、今回を機に「ＤＣＡＰサイクル」を取り入れてみてくださいね。

きっと上手く進むことが増えていくかもしれません。

POINT

・ＰＤＣＡでなくＤＣＡＰ
・行動→結果→よければ「成果」・悪ければ「改善」。

３　やってはいけない「嫌われメール」

相手に「？」をつくらない

私が手話教室を開講してから数ヶ月が経過した頃、スキルアップのために他の手話教室へ申し込むことがありました。

その際に起こった出来事がきっかけで私は「最低限必要な情報を伝えるメールの重要性」に気づけるようになりました。

それ以降、生徒とのメールのやりとりも最小限の回数にも関わらず長い関係性を保てるようになりました。

そのキッカケとなったやりとりが次のメールです。


私「はじめまして。手話レッスンの受講申込みサイトを拝見させていただきました。

レッスンの予約をしたいのですが、来週以降で予約可能日はございますでしょうか。

カリキュラムにもありました、日本手話のレッスンを希望します。また、可能であればオンラインで2時間連続のレッスンは可能でしょうか。ご連絡お待ちしております」


相手の手話講師「すみません。スケジュールがいっぱいで予約ができません。

また機会があればよろしくお願いします」


メールを送り、すぐにこのような返信が届きました。

あなたはこのメールが届いたらどう思いますか？

・いつまで待てばいいのか？
・1時間だと受講は可能なのか聞いてみたら何か変化はあるのか
・この講師はどのような性格なんだろう
・メールしなければよかったかな……

このように1通の返信メールで、色々な疑問や質問が浮かびましたが、それ以上に、あまりにも素っ気ない対応に一瞬で申し込みの意欲が消失し、ワクワク感まで消え去ってしまいました。

最低限必要な情報を含めたメール

このやりとりをきっかけに、私は「最低限必要な情報」を含めたメールは、マナーでもあり、信頼を重ねる上でも重要な要素の１つだなと実感した瞬間でした。

改めて、講師としてのあり方を見直すいいきっかけとなりました。

この経験を踏まえて、私は次のようなメッセージを送る機会が増えました。

「ご連絡ありがとうございます。あいにく現在１か月先まで新規の受講者さんの受け入れが難しい状態となっています。予定では、○月以降に新規受付が可能となります。

お詫びと感謝の気持ちを込めて、下記の教材をプレゼントしますので是非、手話の学習にお役立てください。

また、○月頃に予約受付開始の通知メールを受け取ることが可能です。

ご希望であれば、下記の内容をお伝えくださいね。一緒に手話学習ができる日を楽しみにしております。（名前・メール・電話番号・レッスン希望内容）　手話講師　藤乃」

このように、ただ自分の現状（予約ができない）を伝えるだけでなく、相手が喜ぶような手話教材のプレゼントなどで、できる限り、学習意欲を維持してもらえるように試行錯誤していました。

それだけでなく「親切な講師だな」と言う印象を持ってもらうと、今後もＳＮＳ等でフォローが続きますし関係性を保った状態が続きます。

さらに次のレッスン募集の際にも思い出してもらうことが可能になります。

生徒は勇気を出してアポイントのメールを送っているはずです。

あなたのふとしたメールのやりとりで、相手のやる気を削いでしまわないように意識してみるとよいかもしれません。特に、駆け出しの時期こそ何倍も意識をして、１通１通相手を思いやり、時間をかけてやりとりを進めていくことをおすすめします。

POINT

・オンライン化が進み、便利な機能ばかりで溢れているが、その先には必ず「人の存在」があることを忘れてはならない。

4　主婦でもできるカンタン手話教室
―ステップ④：カリキュラム―

カリキュラム作成のポイント

予約のメールが入りだしたら、次にお楽しみのカリキュラム作成に入っていきます。
カリキュラムを考えるときに１番重要なことは、次の通りです。

【カリキュラムを考えるまでの流れ】
▼(1)自分の教えられるレベルを把握する
▼(2)ターゲット（生徒）のレベル・層を決める
▼(3)レッスンタイプ（目的別 or オリジナル）の選定

それぞれ解説していきます。

▼(1)自分の教えられるレベルを把握する

まずは、自分のキャパを知る必要があります。

むやみやたらと誰でも受け入れるわけにはいきません。

もし、あなたが「手話検定試験3級レベル」であれば、3級相当の手話のカリキュラムを用意していくことが可能になります。

ここで1級レベルの手話を教えようと無理にレッスンの幅を広げると痛い目に合います。

必ず自分のレベルと同等レベル、ないしはそれ以下の人へ教えていくことを念頭に置いてください。

資格所有者であれば、自分の手話レベルや学んできた知識を活かし、何を伝えられるかを逆算してカリキュラムを作成することが可能となります。

▼(2)ターゲット（生徒）のレベル・層を決める

これは115ページの▼(1)と関連していますが、自分の教えられるレベルに合ったお客さん（生徒）を最初から定めることが重要になります。

「手話検定など何も指標とするものがない」という場合でも臆することはありません。

ピラミッドをイメージしていただければわかるかも知れませんが、一番ベースとなる底辺に近い層は「手話の未経験者」となります。

その証拠に、耳の聞こえる聴者の大半が「ありがとう」という手話すらわからない方が多いです。

このように考えると、あなたが五十音の指文字を覚えているだけでも、手話の未経験者以上の知識を持っていることになります。

「教えながら学んでいく」これは誰でも似たような経験をしてきているはずです。

第一子が生まれた瞬間から、両親も子どもを教育する「子育て初心者」になるわけです。

講師も教えながら学んでいくことは決して悪いことではなくむしろ当たり前のことなのです。

手話をインプット（学ぶ）しながら、アウトプット（教える）を繰り返していくことで短期間で急成長することが可能となります。

▼(3)レッスンタイプ（目的別 or オリジナル）の選定

まずは「目的別コース」の説明です。例えば、生徒の中に看護師さんがやってきたとします。

その看護師さんが手話を学びたい目的は何でしょうか。

おそらく受付や診察等で、聞こえない方と手話を介して話をしたいと言う気持ちが強いからこそ、あなたの元へやってきているかと思います。

ですので、その場合のレッスン内容としては「医療関係の手話教育」となるはずです。

このように生徒の「手話を学ぶ目的」をカリキュラムに入れたものが「目的別コース」になります。

他にも販売員の方であれば、手話を使って聞こえないお客様にスムーズな接客をしたいと言う目的があるはずです。

そうなれば接客がメインのレッスンとなると思います。

このように目的ごとにカリキュラムをあらかじめ作成しておけばどのような生徒にもすぐに対応することが可能となります。

英語の学習教材を参考にすればすぐにイメージがつきます。

次に「オリジナルコース」ですが、これは目的もなくただ純粋に手話を学びたいという生徒にも適しています。

その場合、先程の目的ごとに作成したカリキュラムを提示してもいいのですが、まずはベースから始めたほうがいいです。

指文字挨拶の手話↓日常会話というように、少しずつレベルを上げることが可能です。

ですので、まずは、その生徒のレベルに合ったオリジナルのカリキュラムを作成し、マンツーマンならではのスピード感で生徒を成長させることが可能となります。

このようにカリキュラムを 作成する前に基本的な考え方をまとめておくとすぐにカリキュラム作成ができるようになります。

目的もなく、純粋に「手話を学びたい」と、あなたの元へやってきた生徒の気持ちを最大限に維持させるのも講師としての役目です。

生きた手話力を身に付け、多くの知識を与えるきっかけづくりをしてください。

目的なく手話を淡々と学んでいる生徒もいるかと思いますが、その際は手話検定試験を目指すよう促すと、いい刺激にもなります。

手話は英語などと異なり、使う場所や頻度が少ないことがデメリットです。言語は使わないかぎり習得しても忘れてしまうこともあります。ですので、モチベーションを維持するためにも、ぜひ手話検定試験を推奨しましょう。

そして大事なのは、あなた自身の手話力の向上。言語は死ぬまで学び続けることです。

POINT

・カリキュラムは「目的別コース」と「オリジナルコース」をうまく使い分けると需要が高まる。

5　カリキュラムのつくり方Ⅰ：「資格」好きな日本人

資格は目標への通過点

日本はまだまだ資格主義志向が根づいた国です。

何かあるとすぐに「資格」と言う言葉に飛びつく人も多いです。

義務教育の段階から、将来役に立つかわからない検定試験をいくつも取らされたと言う思い出を持っている方も多いかと思います。

私もその1人で、暇さえあれば検定試験を受験するよう促されたのを覚えています。

これが役に立っているかどうかということはあえて伏せておきます。

資格は目標への通過点に過ぎません。

資格を武器として捉える方もいますが、活用しなければ無意味ですし、効力を発揮することもできません。

また、資格を取ることがゴールになってしまうと、取得後にそのスキルを伸ばす努力を放棄する人も多く見られます。これでは本末転倒です。

例えば、手話通訳士で言えば、通訳士試験に合格したものの、何年も手話通訳の現場に行かず、結局素人同然の手話スキル・通訳スキルになってしまったという知り合いもいます。

このように資格は、自分の目標を叶えるための通過点に過ぎません。

とは言え、冒頭でもお伝えしたように日本は資格主義大国ですので、手話を学びに来た生徒に検定試験や手話通訳士試験を促すことは相手にとってプラスに働くことも多いです。ですので、相手に合わせてゴールを設定することも頭に入れておくといいです。

カリキュラムの内容

カリキュラムのつくり方として、次のような手順を踏むといいです。

(1)：指文字
(2)：挨拶
(3)：家族紹介
(4)：数字を使った
(5)：日常会話レベル
(6)：手話検定○級対策

このように、それぞれのコースに合わせたカリキュラムを作成することが可能です。

「初級レベル」であれば、基礎からスタートするカリキュラムを作成します。
「中級レベル」であれば、検定試験の上位を目指す内容にします。
「上級レベル」であれば、手話通訳者試験や手話通訳士に特化した内容を、カリキュラムにしても需要があります。

どのように相手に伝えるか

もしこの本書を読んでいるあなたが、聴者であった場合、日本語での説明と手話のみでのレッスンが可能となりますので、その両方のメリットを活かして、効率よくレッスンを進めていくといいです。

一方、あなたがろう者であった場合は、ナチュラルアプローチ法を意識してレッスンを行うといいです。

ナチュラルアプローチ法とは、手話のみで会話を進めていきながらスキルを高めていく方法です。

私自身もナチュラルアプローチ法で手話を習得した時期もあります。

日本語で学ぶ手話学習カリキュラムと手話のみ（ナチュラルアプローチ法）で学ぶカリキュラム、その両方のメリット・デメリットを対比させながらカリキュラムを作成していきましょう。

また「カリキュラムをどのタイミングで作成すればいいですか」という質問がありますが、これに関しては、レッスンを受けた際に生徒とのやり取りで決めましょう。

１１７ページでもお伝えしましたが、「目的別コース」と「オリジナルコース」によってカリキュラム構成は異なります。

「目的別コース」の場合は、大半が固定されたカリキュラムになるので、ＳＮＳ上でシチュエーションごとのレッスンメニューを一覧にして載せておくと、お客さん（生徒）も授業内容が明確になりレッスンの申し込み率が格段と上がります。

「オリジナルコース」に関しては、初回のレッスンのときに相手のレベルに合わせてカリキュラムを作成することが必要となります。

ですが、基本的なベースのカリキュラム（指文字挨拶日常会話レベル）は同じ内容になりますので、あらかじめどちらのコースでも対応できる「基礎レッスン教材」を作成しておくことをオススメします。

基本的に、初回は相手の「手話を学びたい」という期待値を高めながら、レッスンを進めていくことに集中しましょう。

３回目、４回目と受講を重ねた生徒はあなたを信頼しファンになっていく過程をたどっている段階でもあります。そうなってくると、次はあなた自身に憧れを持つようになり、あなたのようになりたいと思える生徒が増えてきます。

そこで、今度はあなたが生徒に対して「あなたも将来は手話の先生として活動できるので、一緒に頑張っていきましょう」と思いを共有してくださいね。

POINT

・手話を学ぶ先にある未来（可能性）を、生徒に伝えて行くことも講師の役目。

6　カリキュラムのつくり方Ⅱ：100％の力を出さない「スライス教育」

手話交流会を活かす

現在私は、日本最大級のオンライン手話コミュニティー（DLA）を運営しています。

ＤＬＡ（Deaf Links Academy- デフ・リンクス・アカデミー）では日本全国から、手話の学習者や耳が聞こえにくい・聞こえない人が集まって活動しています。

そこで「手話交流会」というメイン企画があり、手話のみでがコミュニケーションを取る場所となっています。

テーマごとに分かれたイベント型の交流会、手話のレベルごとに分かれた交流会、DLA会員限定のライブ、ＳＮＳアカウント、24時間自由に手話や日本語の勉強ができるチャット掲示板の存在など様々な仕組みを盛り込んでいます。

その中でも、将来手話教室を開くための前段階の準備・経験の積み上げとして、リーダー的な存在となり会員を引っ張っているメンバーもいます。

手話が読み取れない初心者も多いので、そんなときにさっとフォローやアドバイスを行うのが、デュミシェルのメンバーです。

手話教室の擬似体験

ＤＬＡの交流会に参加すると、実際に手話をもっと学びたいという方を対象にした「手話教室の疑似体験」をしているような感覚にもなります。

そのような体験は、通常では経験することが難しいので、この交流会を楽しみにしている会員も多く、ＤＬＡが人気である理由の１つでもあります。

ＤＬＡの交流会では、事前準備（手話のクイズや日本語のクイズ）をしている方も多く、まさに「手話教室の疑似体験」なのです。

・手話学習者の具体的な悩みは何か？
・実際にどのようなタイミングで学習者は困っているのか？
・どのような質問に対して相手が喜んでくれるのか？
・さらに楽しく手話を習得するにはどうすればいいのか？

このようなリアルに体験した経験値を積むことが可能となります。

少しずつ情報を提供する

教室レッスンでありがちなパターンの1つに、1回のレッスンで膨大な知識やスキルを教える人がいます。それはある意味、生徒の心理を無視した自分よがりのレッスンとなってしまいます。

こういったことも踏まえ、ＤＬＡで実際に「手話を教える」体験を積んでいるメンバーは、自然と相手に合わせた教育を提示できるようになります。

つまり「全出し」ではなく、チーズをスライスするように、少しずつ情報を渡していく「スライス法」で相手に合わせたレッスンを進めていくことが可能になります。

POINT

・ＤＬＡ（手話コミュニティー）で、「手話教室」の擬似体験を行う。

７　もう怖くない「副業ＮＧ」

講師になれる人となれない人

私の教え子は、医療従事者・介護福祉・教員など様々な職種の方がいます。

中でも一般的に「副業禁止」とされている職業（教員・医師・警察官・消防官etc……）に就いている方も多く、最近このような相談をされます。

「手話教室を開いてうまくいっても、そもそも本業の職場が副業禁止なので、手話教室を開けません（泣）」

この類の質問は、非常に面白い悩みでもあり、かつある意味「深刻」なのかもしれません。

というのも、別の教え子（公務員で副業ＮＧ）は、かれこれ1年以上、期間手話の講師として副収入を得ながら活動を楽しんでいるのです。

両者の違いは何でしょうか。なぜ、同じ副業が禁止されている職場にも関わらず、講師業を「行う人」と「行えない人」が存在するのでしょうか。

その鍵となる答えが次の通りです。

- （副業ができる方法を）知る→実践→目標を叶えている
- （副業ができる方法を）疑う・知ろうとしない→挑戦できない

この考え方がベースとなり、大きな違い（分岐点）を生んでいるのです。

知っているか・知らないか

つまるところ、私たちの私生活はすべてにおいて「知っているか or 知らないか」、これだけで人生が大きく変わってくるのです。

私たち人間は、生物心理学の構造上、今まで経験していないことや、聞いたことのない情報、新しい挑戦に対して、大きな不安や抵抗を感じてしまう生き物です。

これは自分が悪いのではなく、むしろ自然な反応なので誰もが感じることですし自分を否定することはありません。

例えるならば、幼少期に「押し入れのお化け怖い」と思い込んでいたのと同じ現象です。

大人になった今では、実際に「押し入れにはお化けはいない」と理解ができるはずです。

つまり、知識や経験・事実を知ったからこそ怖さも抵抗も消えてしまい、当時抱いていた不安も「０」になったということなのです。

「知ろうとしない人＝素人のまま」

真面目な人柄ゆえに、国が定めた「税金」のカラクリを疑うことなく、１００％を受け入れているだけですと、自分の人生を無駄にしてしまいます。

納税のトラップにハマる一方です。

ドアを開ければ、可能性に満ち溢れた世界が待っているのに、目を向けず硬い自分の殻に閉じこもり、ジレンマから永遠に解放されない……。

盲目的な日々を送っていては、今後も何も手に入れることはできません。

自分自身が小さな部屋に閉じこもっていることに、いち早く気づくことです。

そもそも副業とは

副業とは一般的に「本業以外から収入を得ている仕事（収入源）のこと」を指します。

本業と比較したうえでの副業ですので、本業よりも仕事量や収入は少ないものが多いです。

厚生労働省は、2018年1月に「副業・兼業の促進に関するガイドライン」作成と、副業禁止の規定を削除した「モデル就業規則」を公表しました。

公表されたガイドラインやモデル就業規則に法的強制力はありませんが、政府の方針を受け、副業を認める企業が増加したことも話題になりました。

そういったことも含め、今後の社会情勢を見る限り、副業をする人は増え続けるでしょう。

今「副業禁止」のカラクリにハマり、挑戦や学びから逃げているのでしたら目を背けず、迷路から一刻も早く脱出しましょう。

あれこれ自分だけで悩んでいるのは時間の無駄です。

自分の先をいく先生に、その脱出方法を聞きましょう。きっと両手を広げて待っています。

POINT

・「副業禁止」という言葉に惑わされるな。自由に働ける方法は無限に存在するのだから。

第 5 章

新しい自分・「手話の先生」

【絵】娘：Juri

1　主婦でもできるカンタン手話教室
―ステップ⑤：レッスン開始―

マンツーマンレッスンの開始

いよいよ生徒と対面の時間です。

ここまで本書を見てイメージを高めてきたと思いますが、実際にレッスンを開始してみると「あっという間」に時間が過ぎていきます。

レッスンを終えた頃には想像を超える充実感で胸が高鳴ることでしょう。

「新しい自分」に出会えるデビューの日となります。

でも安心してください。

お客さん（生徒）は、すでにあなたから上級を学びたい意欲は充分高まっている状態です。

なぜならば、あなたが毎日ＳＮＳで発信してきた思いや感情が１００％伝わっているからです。

レッスンの方法は、「対面型」と「オンライン型」２パターンありますが、どのレッスンであっても流れは同じです。

そのレッスンの流れを詳しく説明していきます。

【レッスンの流れのポイント】
▼⑴レッスン申し込みへの感謝の気持ちを伝える。
▼⑵軽くフットワーク会話（流入場所・手話に興味を持ったきっかけ・何を叶えたいのか）
▼⑶体験レッスン
（一石二鳥の手話やすぐに使える手話を惜しみなく教える＝手話の魅力を体感してもらう）
▼⑷テスト（短期間で自分の成長を実感してもらう瞬間）
▼⑸次回の提案（今後のスケジュール）

▼⑴レッスン申し込みへの感謝の気持ちを伝える

あなたのもとに手話のレッスン予約をとってくれたことで、新たな出会いが始まり、関係をスタートできるということは、当たり前のことではありません。

何億人といる人口の中での出会いです。

そのきっかけをつくり、勇気を出して申し込んでくれたことに、改めて感謝を伝えましょう。

「感謝の循環」のはじまりです。

▼(2)軽くフットワーク会話（流入場所・手話に興味を持ったきっかけ・何を叶えたいのか）

突然「さぁ、手話のレッスンを始めましょう」と始めても生徒の緊張や不安は解消されるはずがありません。

まずは生徒のことを知ることから始めましょう。

とはいえ、生徒はお金を払ってあなたの元へ来ています。

世間話を始めても意味はありませんし、一歩間違えるとクレームになってしまいます。

ですので、質問していきながら会話を進めていきましょう。

ここで質問する内容は、

・どこから手話教室を知ったのか

・手話に興味を持ったきっかけ

・手話を学ぶことで何を達成したいのか

このようなことを質問しながら緊張をほぐしてあげてください。

この質問は、後にその生徒のカリキュラム構成にも役立ちます。

また、生徒のモチベーションを上げるワードが質問の回答に隠されていることもあります。相手の関心を引き出しつつ、軽いトークを行うことがポイントです。

▼(3)体験レッスン（手話の魅力を感じてもらう）

フットワークが終わったら、早速、体験レッスンを始めましょう。

当然ですが、相手の手話レベルを把握する時間が必要となります。

知識ゼロの初心者であれば、まずは自分の名前・趣味・家族構成から教えてあげるといいです。

中級〜上級者向けであれば、日本語対応手話と日本手話の違いを明確にしながら、日本手話に特化した手話指導を行っていくといいです。

▼(4)テスト（短期間で自分の成長を実感してもらう瞬間）

レッスンを行った後には、必ずテストを導入してください。

指導を受ける前の自分と、受講後の違いを明確にする必要があります。

この作業を抜かしてしまうとあなたの価値は半減し、生徒も中途半端な感情で終わってしまいます。ざっくりとした流れでもいいので、今日行ったレッスンを振り返りながらテストをしましょう。

▼(5)次回の提案（今後のスケジュール）

この「提案」の部分を抜かしてはいけません。

生徒は、次に自分がどのステージに進み、何をするべきなのか盲目的な状態です。

あなたが先生として責任を持ち次のステップを提示する必要があります。

そこを飛ばしてしまうと相手を成長させるチャンスを逃してしまいます。生徒の意欲も低下してしまいます。

せっかく手話に興味を持って学びに来たにもかかわらず、あなたがその成長を止めてしまっては、本末転倒です。

必ずその生徒に合った次のステップ（学習目標・ゴールへの道しるべ）を提示してあげましょう。

手話の先生の役割

流れは１３３ページの【レッスンの流れのポイント（▼(1)〜▼(5)）】一連で充分です。

むしろこれ以上導入してしまうと、生徒は混乱してしまい、「やはり自分には手話は難しい」と感じてしまいます。

前回もお伝えしましたが、私たち手話の先生になる立場の人は、生徒の「手話を学びたい」という挑戦心や期待を消失させるようなことだけは絶対にやってはいけません。

常に意識しておくべきことは、「手話の魅力」を伝えること&手話を覚えた先に見える未来や社会貢献への可能性です。

このようなことを直接伝えることが手話の先生としての役割でもあります。

あなたを信じて訪れた生徒をしっかり見て、１００％の力で生徒を成長させることに集中してください。

その生徒がのちに手話を教える先生として活動してくれる可能性もあります。

手話普及活動のレバレッジを最大限に高める一歩となります。

POINT

・手話を普及させるためにも、生徒には次回のレッスンテーマを積極的に伝えよう。

2　一瞬で好きになってもらう魔法の自己紹介

レッスンの流れ

手話のレッスンを始めるときの流れを再確認しましょう。

▼(1)レッスン申し込みへの感謝の気持ちを伝える

▼(2)軽くフットワーク会話（流入場所・手話に興味をもったきっかけ・何を叶えたいのか）
▼(3)体験レッスン（一石二鳥の手話やすぐに使える手話を教える＝手話の魅力を体感してもらう）
▼(4)テスト（短期間で自分の成長を実感してもらう瞬間）
▼(5)次回の提案（今後のスケジュール）

この流れを見ると、先生（あなた）の紹介は行われていません。▼(2)フットワーク会話では、あなた自身が生徒のことを理解できたとしても、生徒はまだあなたを知りません。

ですので、レッスンを行う前に不安を取り除いていてもらうことも含め、あなた自身の実績や経歴など簡単な自己紹介を伝えましょう。

先生の自己紹介の順番

自己紹介のときには「話す順番（流れ）」が最も重要になります。ここを間違ってしまうと、相手にマイナスな印象を与えてしまう可能性があります。必ず順番を意識してください。

自己紹介は、簡単には手に入れることができない実績を一番先に伝えましょう。

私の例を挙げます。

・本の出版・新聞・ラジオ・全国雑誌掲載
・手話関連事業の代表取締役（起業2年目で1億円達成）

・県や地方、教育関連事業との共同企画（手話講演依頼）
・日本最大級の手話コミュニティー運営
・独自プログラム開発「オンライン手話教材」
・手話歴22年（生徒数１５００名以上）
・手話検定試験１級
・自身の講師紹介（手話の講師はＮＨＫ現役アナウンサー）
・手話の「きっかけ・想い」

このような感じです。「すごい先生にマンツーマンをやってもらっている」というような印象をもってもらうことで、あなたと今から行うマンツーマンレッスンの時間が何百倍にも価値が高まります。あなたが手話教室を始めたばかりで自信がない場合でも同様の効果があります。

実績が全くない場合であっても、自信をなくさないでください。

自己紹介は次の内容でも十分に役立ちます。

・手話検定試験
・手話学んだ講師（先生の経歴を話す）
・手話歴
・活動経験

・手話と関わる期間の長さ（ろう者の存在）

一番「凄い」と思ってもらえることを先に言うことがポイントです。

私の教え子には手話の指導経験のない方が人気講師として活動しています。

彼らに共通していることは、「自分の師匠の存在」を伝えていることです。知名度や権威性のある師匠の存在を生徒に伝えることで、「その教えを自分も学べるんだ」と喜びになります。

これは私自身、今でも使っています。

実際に尊敬している先生の実績や経歴をすべて教え子に伝えています。

そうすることで、偉人から引き継がれた知識やノウハウを知ることができる特別な時間（レッスン）になるという事実を伝えることができます。

サラブレッドと呼ばれる血統は血統を持ったまま、素晴らしい結果や実績を出します。

中途半端で曖昧な環境ではなく、一流の素晴らしい環境で育ったからこそ、血統を引き継ぐ馬も実績を出せるようになるのです。

医者の子供は医者になる。起業家の子供は起業家になる。これと同様、あなた自身も素晴らしい実績を持った先生から１００％学んだのでしたら、その実績を教え子に伝えていくことです。

そうすることで、あなたの生徒とも同じように、今度はあなた自身を讃え、いい循環が起こるようになります。

3　プロに共通する「3つのレッスン法」とは

ボルダリングの教訓

私の娘はボルダリングに通っています。先日、関東で最大規模を誇るボルダリングの練習会場へ出向き、娘と一緒にボルダリングをやることにしました。

今までボルダリングをおそらく30回以上は経験していたこともあり、娘と一緒にすぐに練習の準備を始めました。

シューズを履き、粉の入ったバッグを腰に巻いて 中級層のステージに向かい自分の順番を待っていました。

そこで、その会場のトップスタッフによる「1時間マンツーマンレッスン」の広告に気づき早速、娘も私も個別で依頼をすることにしました。

まずは娘の番。小学生ということもあり、教え方は基本的な動作チェックから入り、初心者でもわかりやすい基礎からスタートしました。楽しくなってきたのか、本人はいつも以上にペースが上がり、どんどん難易度が上がっていきました。「さすがトップスタッフだけあって教育のプロだな」と感動ものでした。

次に私の番。ある程度実績を伝えたのでいきなり実践編に入るのかと思いきや、なんと驚くべき内容から指導し始めたのです。娘に教えていた基礎ベースの柔軟や知識、体の動かし方など基本的な部分（娘と同様）からスタートしたのでした。これには非常に驚きました。

いわれるがまま進めていくと、まさかのことが起きたのです。普段はできないステップ（岩と岩を大ジャンプするような動き）にすぐに挑戦することができたのです。

これには私自身が一番感動しました。今まで一度もできなかったことが、苦労することなくできたのですから。何が起きたのか自分自身ではわからなかったのでレッスンを終えた後、先生にいくつか質問をしてみたのです。

すると、その先生は私の疑問点を見透かしたように、「レッスンに入る前に欠かせない重要な基礎ベースの導入を行ったからですよ。藤乃さんの場合、可動域を大きく広げなくては次のステップに進むことができないと判断したので、初心に戻って柔軟を始めてもらいました」

つまり私の場合、ベースが中途半端だったので、曖昧な成果しか出すことができなかったようなのです。固めることで一気に本領発揮することができたのです。

3つのレッスン法

今回の講師の教え方や流れを分析してみました。

⑴基礎知識（レッスンのベースとなるウォーミングＵＰ）
⑵技術・スキル指導・知識
⑶まとめ／次やるべきこと（さらに成長するためのアドバイス）

この３つのレッスン内容となっていることがわかりました。

これは実際に私自身も手話のレッスンで行っているステップです。

リピーターに関しては、３つのレッスン内容を基本に前回の復習・基礎知識・スキル指導・課題のバランスを意識しながら進めていきます。このレッスンの流れはボルダリングや手話に限った話ではありません。人気の習い事教室やプロの講師が行う共通の要素でもあります。あなたの教室にも「３つのレッスン法」を取り入れてみるといいです。

生徒の反応だけでなく成果も大きく変えることができるかもしれません。

POINT

・殺到する人気教室の秘密は「３つのレッスン法」が共通項目となっている。

4 「無視」と誤解を与えない気遣い・相槌

気遣い・相槌とは

このページでは、初心者の生徒を対象に活動する方には非常に役立つ内容となっています。とは言え、中・上級レベルの生徒であっても、この気遣い・相槌の重要性に気づいていない方もいるので、ぜひアドバイスしてみてください。

タイトルにもあった「無視と誤解を与えない気遣い・相槌」とは次の通りです

・なるほど
・へぇ
・そうそう
・いいえ
・本当に？

一見すごくシンプルなので、なぜ重要なのかわかりづらいかもしれません。ですが、手話を学ぶ上で必ず最初に教えてほしい内容でもあります。耳が聞こえる人（聴者）同士の会話「ふぅ〜ん」「うんうん（喉の音）」のように音や声のトーンを調節しながら相手の会話を盛り上げています。

ですが、それは耳の聞こえる聴者だからこそ成立する会話でもあります。

聞こえないので、「音」は通用しない

声のトーンなど「音」を介した返答・相槌などは耳の聞こえない、聞こえない相手とのコミュニケーションでは通用しません。「ふぅーん」「うんうん」などの返答や相槌を声だけで一生懸命伝えても、聞こえない相手からすると「無反応」だと勘違いされてしまいます。聞いているか聞いていないのかもわからず不安になってしまうのです。

特に真剣な話をしている際に音声で「へーなるほど」と発しても相手には伝わりません。それどころか、「真剣な話をしているにもかかわらず無反応（無視）は失礼ではないか」と気分を害してしまう可能性もあります。

音声のないコミュニケーションをする

「無視されている？　興味がないの？」というような不安を相手に感じさせてしまう危険もあります。

ですので、手話での会話では、無視と誤解を与えないように「返答手話」を表現する癖をつける必要があります。簡単な手話単語ですが、手話でのコミュニケーションをする上でとても大事な役

割を果たします。

仲良くなった耳の聞こえないろう者や難聴者と手話での会話を楽しむためにも、この「気遣い・相槌」の手話を使い、会話を盛り上げて行きましょう。

自分の話を聞いてくれる人（反応してくれる人）とは「また話したい」と思うのは誰でも同じなのです。「無視されている」と勘違いされないように、今日から意識してみてください。

POINT

・手話でのコミュニケーションでは、「音」や「声」の要素を頭から切り離しておくこと。

5　会話を弾ませる「8つの疑問文のつくり方」

会話のパターンをテンプレート化する

手話のレッスンを進めていくと、基本的なフレーズや単語など、会話のパターンができてくるようになります。

ある程度、生徒が成長してきたら、今度は生徒から「質問」をさせるレッスンを導入しましょう。

疑問文の手話表現を教え、質問したい内容が簡単に伝えられるようにします。

・いつ？
・どこ？
・誰？
・どちら？
・何？
・どのくらい？
・どうやって？
・何歳？
・なぜ？

このように疑問文には会話のパターンがあります。

そのパターンをテンプレート化して教えてあげましょう。

また、その際には「手話表現＋例文」をセットで行うことも重要です。

新しい単語＋例文をセットする

手話の表現だけを教えても、応用・実践力が身に付かなければ意味がありません。生徒が自分で考え、自分の感情や思いを伝えられるような手話力を習得させることがゴールです。あなたがいないと意思の伝達ができないと言うような状態にさせないよう、応用までセットで教えてあげてください。

疑問文の単語を使い、短文から練習を積み上げていくことで「自分でも質問することができるんだ」という自信を持たせてあげることが重要になります。

具体例は次の通りです。

・いつ食べるの？
・あの人は誰？
・お母さんはいくつ（何歳？）
・なぜここにいるの？
・これは何？
・あなたのペンはどっち？
・どうやって来たの？
・今どこにいるの？

・次のデートはいつにする？

このような短文で十分です。「新しい単語」＋「例文」をセットにした学習は応用力も培われます。

また、もう1つ重要なことは「単語（機能）だけの教育」はやってはいけません。

手話の単語だけ教えるのはタブー

手話の単語だけ教えているのでしたら、あなたが先生である必要はありません。YouTube や Instagram では無料で手話の単語を教えています。あなたが先生としてやるべきことは、生徒の手話力（応用・実践）を上げてあげるための指導なのです。

そのためにも、単語の学習だけでなく、例文やその背景、過去の失敗談・成功ストーリーが必要です。そのようなあなただから教えられる内容を盛り込んでいきましょう。

POINT

・聞きたいことが質問できるようになると会話のキャッチボールが一気に弾み出す。

6 これだけは死守せよ！
「致命的な指導者」になる前に…

手話は言語

非常に重要なお話をします。この前提条件を生徒に伝えない限り、あなたは講師として信頼してもらうことは難しくなってしまいます。

知らなかったで済まされることではなく、手話を指導する上で絶対に欠かせない重要な指導内容になります。

もしかすると、あなた自身も知らない情報かもしれません。

必ず、基礎知識として把握しておいてください。

なぜ、この話をするのかと言うと、教え子からの共通の質問があったからです。

「別の先生に教えてもらった手話と違う、と生徒に言われてる」という悩み相談です。

ここで生徒にその理由や根拠を話せない講師は危険信号です。

なぜこのような質問が飛んでくるのか、あなたはその理由がわかりますか？

その質問をされたときにいったいどのように返せばいいのでしょうか。

言語は時代の流れによって流行廃りがあります。流行語であっても時間が経てば死語になるということもあります。これは言語ならではの特徴です。

またそれだけでなく、地域によって方言も存在します。沖縄では母親のことを「アンマー」と言い、三重ではゴミを捨てることを「投げる」と言います。

さらに言えば、年代によっても言葉が大きく変化してきます。10代の若者がよく使う言葉を60代に伝えても、意味すら伝わらずコミュニケーションが成立しません。

家族や恋人だけの暗号のような言葉もあります。

このように言語だからこそ、色んな違いや変化があるのです。

ここで忘れてはいけないことが「手話＝言語」だということです。

手話は地域・年齢・年代によって表現が異なる

つまり手話にも、地域や年齢や時代によって大きく表現が異なることは当然のことであり、おかしな話ではありません。

一例を挙げると次の通りです

・沖縄の居酒屋↓両手をヒラヒラと「のれん」が揺れている様子

・東京の居酒屋↓お酒を飲む＋指文字の「や」

このように同じ単語であっても地域によって手話の表現は全く異なります。

もし、あなたがこの前提条件を知らなかったとすると、おそらく今までも手話を使った会話の中で、「読み取りの壁」に苦労してきた経験があるはずです。

手話の初心者であればあるほど盲点になってしまう部分なのです。

「言語と文化」は、表裏一体です。ろう者の文化・聴者の文化・難聴者の文化のように、それぞれの文化の違いを把握しておくことも重要です。

聴者の先生だから教えられること、ろう者の先生だから教えられることがある

「A先生とB先生に教えてもらった手話の単語が違います」という生徒には、この前提条件を伝えてあげることで、その生徒も不安や疑問を解消することができます。

さらにその生徒に指導した他の先生のことも、否定する必要もありません。

手話の単語や表現の引き出しを増やしていくことで、会話の幅も深さも大きく変わってくることを実感できます。

「あなたの手話の表現は違うわよ」

こう言った指導や発言ばかりの先生になるのではなく、次のように伝えましょう。

「その表現はどこで教えてもらったの？　地域の手話かもしれないから私も調べてみるね」

このように指導をしながら自分自身の手話スキルも向上させていくスタンスが重要です。

誰が正解で不正解だと言うことではなく、互いに「手話を普及させる立場」という1つのゴール（共通認識）があれば、相手を否定するという幼稚な思考は働きません。

あなたは他の手話の先生を叩いていませんか？

今一度、自分自身の根本的な考え方を見直し、初心に戻ってみてください。

私たちは、手話を普及させるための手話普及者です。

誰かを叩いているうちは、自分自身がいかに知識も低く、自己満足で傲慢な考え方になっているか、を知るきっかけになるかもしれません。あなたの周りにはそのような人がいませんか？

そしてあなた自身は大丈夫ですか？

POINT

・手話を普及させる普及者同士で、叩き合うのは幼い証拠。

【「聞こえない世界を知ろう」「手話という言語の魅力」教育機関との共同講演】

第 6 章

感謝（Give）を呼び込む手話教室

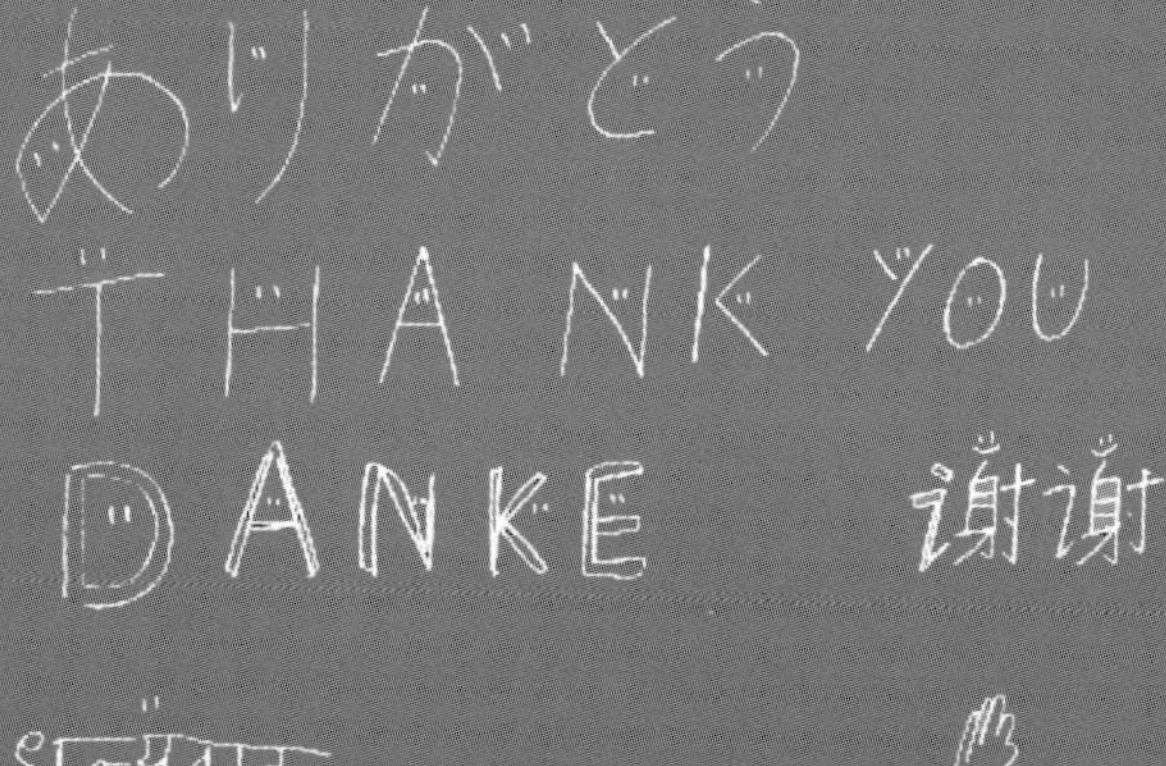

【絵】娘：Mari

1　主婦でもできるカンタン手話教室
―ステップ⑥：リピート・ファン化―

家族や先生そして生徒たちの存在があったからこそ今がある

いよいよこのステージに入ってきました。私はこの3年間で数万人の手話に携わる人と交流を深めてきました。3年前は普通のどこにでもいる、手話好きの主婦だったにもかかわらず、短期間で大きく事業を拡大することができるようになりました。

生まれ持った性格や人付き合いの能力に長けていたかと言われれば、そんなことはありません。もちろん私だけの力では到底ここまで成長することはできません。

常にそばで支えてくれる家族や先生そして生徒たちの存在があったからこそ、このような成果を出し続けることができました。

周囲から見れば、次のような印象を持たれているかもしれません。

・キラキラしている
・いつも自信がありそう
・頭がいいからできるのだ

・もともとお金持ちで知り合いもコネも多く人脈がある

暗いトンネルを1人で永遠と歩き続けているような感覚もあった私

これまで生徒やフォロワーからこういった言葉をいただいたのですが、実際の私とはかけ離れたイメージができあがっているので、私自身も驚いています。

とはいえ、何かしらのきっかけがあったからこそ、本書を手に取っていただいたかと思います。このような繋がりを持てたことには感謝しかありません。改めて、ここまでしっかり読んでくださりありがとうございます。

では、実際の私は一体どのような人間なのか、というと、実は私はどちらかと言えば「隠れ根暗タイプ」の人間です。

さらにいえば、沖縄人という言葉の代表格と自覚しているほど、かなりののんびり屋です。私の人生の師匠には「藤乃さん=亀さんだよね」と言われるほどです。

また、片親（シングルマザー）で育ったため、幼少期の頃から自分の思いを伝えてしまうとお母さんを困らせてしまうのではないか、と言う感情が根づいていた時期もありました。そのため、自分の思いを誰にも言えず引きこもる癖もありました。

そんな私を心配して「もっと話して。自分の殻に閉じ込もらないで」と何度も母に心配をかけていたことも多々あったかと思います。

「自分が黙っていればきっと上手くいく」

この思考の繰り返しが人との距離を生んでしまう時期もあったほどです。

暗いトンネルを1人で永遠と歩き続けているような感覚でした。

そのような私を少しずつ変えてくれたのが、家族や先生・生徒たちの存在だったのです。

過去の自分が今の姿を見るとびっくりするでしょう。

「憧れを持ってくれる生徒」「好きになってくれた方がリピーターとして応援してくれる人生」

このようなことが実際に起きるとは、1ミリたりとも想像できませんでしたし、自分には無縁なことだと感じていました。

コツコツと根気強く活動し続ける

人生は本当に面白いことが起こるものです。

「人間は努力し続ければ、無駄なことは何一つない」と今でもそう感じています。

私自身、手話の普及活動をはじめて10年以上が経つですが、活動開始から数か月が経過した頃、1人、2人、3人……と応援のメッセージが届くようになったのです。

最初は単純に冷やかしかと感じていましたが、それが性別や年代を越え、いろいろな方に応援されるようになったのです。このエールには、何度も助けられてきました。

19歳からの夢だった、「全国各地から聴者、手話に携わる人たちが集まるコミュニティー（ＤＬＡ）をつくりたい」。この企画を開始したときは、１か月ほど夜も眠れず１日３時間睡眠が当たり前の時期もありました。

その際も周りの生徒やフォロワーからの温かいメッセージが、心の支えになっていました。手話コミュニケーション（ＤＬＡ）を立ち上げてからは、会員がサプライズで誕生日会をしてくれたり、事務所にたくさんのお手紙やプレゼントが届くようになりました。

このようなことを、引きこもり＆隠れ根暗タイプの私が、一体どう想像できたでしょうか。今でも夢を見ているのかと錯覚するほどです。

また、最近私がよく感じることは、「１人でできることには限界があるが、チームや仲間とタッグを組めば何十倍の成果となって返ってくる。だから１人で戦うな。周りを信じて挑戦してみよう。教室をやると決めたその日から、周りの応援やサポートが始まっている」と思うようになりました。

家族はもちろんのことですが、人生を大きく変えてくれた先生との出会いや、私の手話への想い・考え方を引き継ぎながらも、共に手話業界を盛り上げてくれる教え子の存在も私にとって大きな活力となっています。

本気で応援してくれる人はあなたの努力する姿をみている

人は変化を恐れる生き物です。あなたが自分の人生を変えたいと挑戦していくほど、反対する声も高まってきます。ですが、本当のサポーターは必ずあなたを支え続けるものです。

あぐらをかき、成長を放棄する人には、ファンどころかリピート顧客すら現れません。

人生は一度きりです。

挑戦する人の姿は誰よりも輝いていますし、努力し続ける人は必ず応援者が現れます。あなたは1人ではありません。昨日までの自分を超える生き方を選択してください。

そうすることで、ファンやリピーターを超越する強固な信頼関係を生むことができ、仕事だけでなくプライベートでも楽しく時間を共有することができるのです。

2 「反復練習」の重要性

「新米」講師の落とし穴

講師になったばかりのときにやりがちな落とし穴があります。

それは、情報です。

驚きですよね。一体何が悪いことなのか、落とし穴なのか。むしろ新しい情報を導入することはいいことなのではないか、と思う方もいるかもしれません。

しかしそこが、素人の講師が陥ってしまう罠なのです。

これも手話に限った話ではないので、いろいろなジャンルに当てはめることができますが、ここでは、手話の指導にフォーカスして事例を挙げていきます。

カリキュラム指導法に切り替える

私の教え子に次のような相談をされました。

「生徒が全然覚えてくれないのです。復習をするように伝えても復習をしてこないので困っているんですよね。」

この一言を聞いた瞬間、私はすぐにこう答えました。

「1時間のレッスンでどのような内容を教えていますか?」

そうすると彼女はこのように返してきました。

「まずは初心者なので、五十音の練習と挨拶の単語10個程度・自己紹介ができるように指導しました」

その答えを聞いた瞬間、私はこのように返答しました。

「次回から、五十音（指文字）であれば「あ・い・う・え・お」のみを指導し、その中で繰り返し練習できる単語をつくり、反復練習をさせてあげてください」

①「あ・い・う・え・お」の指文字を一通り練習し覚えてもらう
②愛（あ・い）／家（い・え）／会う（あ・う）／青（あ・お）／上（う・え）
③愛・家・会う・青・上の手話表現を教える

②は①で学んだ「あ〜お」の中だけで表現できるので、生徒も復習になりますし、面白がってくれます。

このように難易度を下げて指導するように伝えました。

後日、教え子から連絡が届き、

「このカリキュラム指導方法に切り替えたところ、別人かのように覚えてくれるようになり、レッスンのコースを更新までしてくれました。感動です」

という喜びのメッセージでした。

この①〜③のカリキュラムは一度つくってしまえば、他の生徒にも代用できるのでおすすめです。

生徒さんの「キャパオーバー」に気づく

この結果は、珍しいケースではなくラッキーだった訳でもありません。ある程度、推測できる流れだったので、そのようにアドバイスしたに過ぎません。

というのも、元々の原因が、「次々と新しい情報を導入しすぎている」からでした。

指導する際、生徒に成長してほしい思いが募り、次々と新しい情報を伝えたくなる気持ちもよくわかります。ですがそれはかえって、生徒が「キャパオーバーになってしまっている状態」に気づく必要があるのです。つまり、「情報の排除＋反復練習」です。このバランスを講師が見失ってしまえば、生徒は情報の洪水に飲まれ、何を覚えてよいか 混乱状態に陥ってしまうのです。

まさに相談してきた教え子の生徒が、その状態になっていることが推測できたので、あのアドバイスをしたのです。

「生徒が全然覚えてくれない＝生徒に原因がある」

このような思い込みは早い段階で捨てる必要があります。

講師側の指導によってマイナスをつくってしまっていることにも私たちは気づいていかなくてはなりません。

教える分量は生徒に合わせて調整していきながら、欠かしてはいけない「反復練習」を必ず導入しながらカリキュラムをつくっていくといい循環が生まれるのです。

3　No!! 媚び売り！　リピート顧客を生むレッスンの型

媚び売り講師にはなるな

私が2か月先まで予約の取れない手話教室を叶えた理由の1つには、「リピート顧客の増加」が鍵となっていました。一度信用し、レッスンを受けに来てくれた生徒は、あなたと出会いをキッカケに手話の世界にのめり込みます。

さらに今後手話の普及活動を共にする仲間となる可能性を秘めています。

また、そこから生み出される信頼関係は、今後もあなたの「手話講師」としての自信をより、確信へと繋げてくれるものとなります。

たまに、お客さんを逃すまいと、ぺこぺこと腰を低く、そしてニコニコと媚を売るように生徒と会話をしている講師がいます。

これは「自信がない」「実績のない講師」との意思表明ともなり得るので、生徒から信頼されリピート顧客で溢れる手話教室を叶えるためにも、「媚び売り講師」は卒業しましょう。

むしろ、そのような媚び売りばかりを行っていては、時を経てその仮面が剥がれた瞬間に信頼を失うことになります。自分を安売りせず、レッスンの価値を高めることに集中しましょう。

リピート顧客を生み出すポイント

リピート顧客の引き金になるものは、実は初回の「体験レッスン」（133ページ）と2回目に会うことになる「本レッスン」が成否を分けるのです。

1回目は「感動・期待」をしっかり提供してあげること。

2回目は「感動・期待」＋「共感・刺激」を追加することが重要になります。

ここで「体験レッスン（初回のレッスン）」と「本レッスン」違いを比較してみます。

【体験レッスン（初回のレッスン）】

▼(1)レッスン申し込みへの感謝のきもちを伝える

▼(2)フットワーク会話（流入場所・手話に興味をもったきっかけ・何を叶えたいのか）

▼(3)体験レッスン（一石二鳥の手話やすぐに使える手話を惜しみなく教える＝手話の魅力を体感してもらう）

▼(4)テスト（短期間で自分の成長を実感してもらう瞬間）

▼(5)次回の提案（今後のスケジュール）

【本レッスン】

▼(1)フットワーク会話（モチベーションの確認・レッスン前のモード調整）

▼(2)前回の学習おさらい

▼(3)新しい知識・スキル導入（カリキュラムを進める）

▼(4)テスト（把握度チェック・次回の指導スピードの微調整・満足ポイントの確認）

▼(5)質疑応答&次回までの課題（問題解決と復習の重要性）

どちらにも共通する点は、次の4つになります。

・フットワーク会話
・レッスン
・テスト
・次回までの提案

体験レッスンの段階でどうしても本レッスンに繋げたく、売り込みやセールスが強まってしまう話し方（トーク術）になっている方も多いです。

そのようなトークをした段階で、お客さんは「何かを契約させようとしている」と感じ、あなたのレッスンに魅力を感じるどころか、立ち去ってしまいます。

・フットワーク会話で生徒の現状を把握しながら、寄り添う視点を持つ
・レッスンで生徒の持つ知識の領域を引き上げることで感動・刺激を提供する
・テストをすることで今日やったことが身に付いていることを実感させる
・自分を客観的にジャッジしてもらい、自分を褒める／自己肯定感を上げる
・自宅に帰ってもレッスンで味った余韻や楽しみを継続してもらいながら、成長／反復練習に励んでもらう

このようにレッスンの型を意識して進めていけば、媚を売ることなく、ありのままのあなたを求める生徒が増えてきます。それだけでなく、信頼を積み上げながらリピート受講する生徒が次々と増えてくるでしょう。

POINT

・生徒へのゴマすり笑顔→本物のリピート顧客は生まれない。
・「感動／期待／共感／刺激」でリアルに成長を実感してもらうこと。

4　主婦でもできるカンタン手話教室
――ステップ⑦：フォロー――

フォローありきのレッスン教室

あなたは今まで商品を購入したときに「使い方がわからない」など困った経験はありませんか？　その際にはカスタマーセンターに電話をしたりメールで問い合わせをしフォローやサポートを受けてきたかと思います。

このようにすべての仕組みには、「フォロー」がセットになっていることが多いです。

とはいえ、フォローの位置づけとしては、商品で解決できなかったことや不備があった際の対応を追加で補い、問題解決していくということになります。

ですので理想としては、フォロー不要の「商品やサービスのみ」で満足してもらえるような価値提供をゴールにしなければなりません。

フォローありきのレッスン教室は、いずれあなたの時間と労力だけを奪い、最終的には破滅に追い込まれてしまいます。

ですので意識すべきことは、メインレッスンの中だけで生徒が満足できるようなカリキュラムにしてあげることが前提条件となります。

フォローの概念を見誤り、メインレッスン以外の時間にも提供し続けることが当たり前になると、生徒も講師も「レッスンとフォローの境目がわからない」という現象が起きます。そうなれば、メリハリのない関係性が生まれ、互いにいい影響を与えなくなってしまいます。

実際に、私の教え子の1人もそのフォローありきのレッスンにより、プライベートの時間を費やし、疲弊してしまっている状態でした。

大切なのでもう一度お伝えします。

フォローはあくまで「本レッスンで不足していた部分を追加で補う」と言う位置づけです。

そういった意味では、フォローがなくてもお客さんにとって100%の満足になるよう、私たち講師はレッスンを充実させるように務めることが大切になってきます。

ただ、実はフォローをあえて「価値」として提供する方法もあるのです。

少し難易度の高い話になりますが、私の先生は「フォロー」をメインにして500万円以上の商品を提供しています。本来は、メインのレッスンだけで完結してもいいはずですが、あえてフォローを「手厚いサポート」として扱っているのです。

それほど、この「フォロー」は奥深いものでもあるのです。

AIロボットに負けないフォロー

ちなみに、私が扱うフォローは次の通りです。

・メールや面談で質疑応答の時間を定期的に設ける

・テキストや教材・講座をコンテンツ化し追加フォローする

このような方法がありますが、基本的には、後者のほうを選び生徒を集めてオンラインで追加講座を行うことが多いです。

現時点では、メインの本講座（レッスン）だけで完結できるので、あまり追加講座を行うことはしません。ですが、手話教室の始めた頃、私自身は修行も兼ねてフォローもよく行っていました。

そこで見えてくることが、共通した質問の存在です。

本レッスンの不足していた内容が、生徒から質問と言う形に変わってくるのです。

これは駆け出しの頃には必ずあることですので、いい経験になっていました。

そういった共通した質問を集めていたものを、本レッスンに追加する、ということを繰り返すことで、徐々に質問も減り、フォローが不要になってくるのです。

こういった意味でも、すべての経験が「手話講師」としての成長へと繋がる瞬間でした。

昨今は、このフォローをAIロボットで補うことも増えてきています。

私たち人間ができるフォローは、大きな価値を生み出すキッカケにもなるのです。

今から行う手話教室は、ロボットに取って代わる以前に、あなたという人間によってお客さん（生徒）をフォローすることができる価値を持っているのです。

とくに手話教室を始めたばかりの講師でしたら、本レッスンだけではなく、フォローをあえて価値と満足度を濃いものにしておくことも念頭に入れておくといいです。

最初は１００％の満足度をレッスンで補うことは難しいことです。徐々に指導に慣れていくことによって、フォローの回数も減少していきます。

私たち人間だからこそ、叶えてあげることができる指導の仕方があります。

便利でどこにでも導入されるようなＡＩロボットには取って代わることのできないことなのです。

POINT

・駆け出しの頃だからこそ、生徒に寄り添い、フォローをすることで発見できるものがある。

5　「好き」になってもらう特別なサプライズ「フォロープレゼント」の効果

独自開発したオンライン教材を使う

私が扱う手話コンテンツの中でも一番人気となるものが、独自開発したオンライン教材「手話ホームステイ」です。

どのような教材かと言うと、60日間毎日手話のレッスン動画が届き、1日30分勉強することで日常会話レベルの手話力を習得することができるというカリキュラムです。

手話教室開講後、2か月先まで新規の生徒を迎えることができず、「今すぐ手話を学びたい」という熱量の高い生徒ですら対応してあげられない日々が続きました。そこで「もっと気軽に多くの人に届けることができないか？」という思いがきっかけで開発を始めました。

これは私自身が、手話学習者として0から学んできた知識はもちろん、手話の専門的な文法の仕組みなどを体系化したオリジナルのカリキュラムでもあります。オンライン教材なので、サークルや講習会に通うことができなかったと言う人にまで届けることができるのもネット教育の最大のメリットです。

コロナが流行するまでは、手話サークルや手話講習会といったオフラインの場へ出向き直接手話を学ぶ方法が９割を占めていました。

これだけネットが発展する中、手話の教育現場はオフライン（会場など）ばかり。私はこの当たり前となっている現状に疑問を抱き続けていたこともあり、コロナが拡大する前の年にはオンライン教育を提供し始めていたのです。

スマホ１台で手軽に自由なタイミングで、かつ好きな場所で好きなだけ手話を学べる、お客さんの需要とネット学習のメリットを組み合わせた新しい「手話学習の方法」です。今では全国雑誌やＦＭラジオ・新聞に新聞に取り上げられ、多くの手話学習者のお手伝いをしてきました。

サプライズプレゼントを導入

実は、この「手話ホームステイ」で非常に喜ばれているサプライズプレゼントがあります。もともと私はサプライズや相手の喜ぶ姿や感動をプレゼントすることが好きな性格です。レッスン動画（メインコンテンツ）以外にも多くの特典をつけて教材を提供し続けています。

たとえば「○○商品を購入すると△△特典が付いてきます」と案内します。のちに、購入者限定で「サプライズで▲▲特典をプレゼントします！」というように提供するのです。

では「手話ホームステイ」の教材で生徒に喜ばれているサプライズプレゼントは何でしょう。

ちなみに「手話ホームステイ」のレッスン動画の配信は60日間です。配信期間が終わると、サポートは修了してしまいます。

その前提条件を踏まえた上で、私が用意したサプライズプレゼントは、「サポートの期間の延長」つまり60日後のフォローを追加でプレゼントをしたのです。

この追加フォロープレゼントは、予期していなかったタイミングでプレゼントのメール通知が届くので、生徒の多くが喜びのメッセージを送ってきてくれます。そのメールを見るたび、「プレゼントしてよかったな」とほっこりしてしまいます。

具体的に説明するとネタバレになってしまうので詳細は省きますが、生徒がよりよい環境でゆっくりと無理のないペースで手話学習を楽しめるといいなと思い、サプライズで用意していたものになるのです。

「最初から特典として教えてもよいのでは？」という声も届きますが「サプライズプレゼント」だから価値も喜びも大きくなるのです。このプレゼントをきっかけにさらに他の商品サービスを申し込む方も増えたので相乗効果もありました。もし、このプレゼントを商品の売り文句にしていたら？　おそらくこれだけいい結果をもたらすことはなかったと思います。常に「自分が生徒だったら？」と考えつつ、「このようなものがあったら嬉しいな」という視点を持ちながら商品をつくっていくことがリピートにつながる基本的な考えとなります。

また私自身の経験ですが、私も今までに何かを買ってきたときについてくるオマケのようなものに何度も心躍る体験をしたことがあります。

オマケの概念は、予期せぬ感動と嬉しさを与え、スペシャルなプレゼントになり、忘れられない思い出にもなるのです。

たかが「おまけ」されど「おまけ」

おまけの概念をサプライズプレゼントとしてあなたのレッスンにつけてみてください。

そしてあなたの大切な生徒のためにプレゼントをGIVEし続けてください。

どんなものでも構いません。小さなものでもＯＫです。自信が貰って嬉しいもの、喜んで欲しいと思える人のために最高のサプライズを送ってあげてください。

POINT

・大切な人だからこそ「贈り物」にして届ける。それは言葉でも商品でも「サプライズ」にすることで喜びが倍増するのである。

6　感謝とお金のプレゼント

手話教室を開く前はボランティアで手話を教えていた私

私は手話の教室を開く前、長い間「ボランティア（無料）」で手話を教えていました。

この期間が長かったこともあり、私は手話を「言語教育」として扱えば、その知識を提供することで経済を回すことができる、という根本的な部分を見失っていました。

英語教室に通い、語学スキルの向上を望む人が存在し、また、そのような人たちの願望を叶えるべく英語教室という環境を提供する人が増えていく。

この双方のバランス（需要と供給）があるからこそ、英語はどんどん拡大していき価値を高め続けています。もちろん英語に限らず、スペイン語・フランス語・中国語などもそうです。

さらにいえば、言語に限らず、絵画・柔道・ピアノさまざまなジャンルが、価値を高め続けるために経済を回し続けています。

一方「手話は？」と言えば、いまだにボランティアという意識が根づいており、提供者側ですら手話の可能性を自ら低く見積もり、無料ないしは低額で提供し続けている方もいます。

これでは手話業界そのものの価値が下がっていき、そこに繋がる手話通訳者の給料や働く場所も限られてしまうのです。実際に「通訳士だけでは食べていけない」という認識まで広がっています。

ボランティアから抜け出せたきっかけ

私が、ボランティアの罠から抜け出せたきっかけが、生徒からのお金のプレゼントでした。

それまでは、ケーキ、クッション、マッサージグッズなどの贈り物もありました。

そして、ある日「お金」を渡す生徒も現れるようになったのです。

その度に、何度も断り続け「お金は要りません」と返金してしまいました。

ですが、あるとき私の性格を知ってか、内緒でカバンの中にこっそりお金を忍ばせていた生徒がいたのです。

いつも通りレッスンを終え、帰宅途中でお金の存在に気づいた私は、すぐに生徒に返金のメールをしました。

そのときの生徒のメッセージが経済を回す必要性に気づかせてくれたのです。

「私は先生に助けられています。手話が必須な職場でいつも肩身の狭い思いをし続けていました。先生に出会うまでは、自分の手話力にまるで自信がありませんでした。先生と出会い、手話通訳者になれたこと。この喜びと感謝の気持ちをどうか受け取ってください。そして、正式に手話教室を開いてください。私のような生徒はたくさんいます。今後も先生の指導を多くの人が待っています」

今でもこのメールは大切に残しています。

この生徒の思いを知ったとき、実は過去の自分を思い出したのです。

当時、自殺未遂を繰り返す私を助けてくれたろう者の先輩のように「私も1人の生徒の人生を変えるサポートができたんだ」と熱い気持ちが込み上げてきたのを覚えています。

そして私は正式に手話教室を立ち上げる決意をしたのです。初めて、自分の知識を対価に変え、そしてそのお金で新たな手話教材を手に入れるという「経済の循環」をつくることができたのです。

感謝とお金は、表裏一体なのかもしれません。

そのような生徒たちのやり取りや成功体験があったからこそ、今では何万人という人と手話を通して関わりを深めていけるのだと思います。

私の固執した古い概念を壊してくれて、Give の循環をつくり出すことを教えてくれた生徒たちに感謝の気持ちを伝えたいです。

POINT

・ボランティアではできない価値を生み出す根源がお金というプレゼントによって気づく瞬間がある。

第 7 章

手話の世界に革命を起こした「手話を活かした働き方」

【絵】娘：Juri

1　だれでも始められる「小学校の手話絵本読み聞かせ」

手話の絵本読み聞かせがおすすめ

ここまで読んできて「やはり手話の先生なんて私には無理だ」と自信を失いかけている方も中にはいるかもしれません。

その気持ちは私自身も当初感じていたことであり、共感できる部分があります。

・手話通訳士でもない
・手話の指導経験も実績もない
・初心者レベルの自分なんて何も教えられない
・人前で話すことも苦手だし引っ込み思案だし
・とにかく自信もないし不安

このように考えているかもしれません。

でも絶対にあきらめないでください。私自身も最初は未経験からのスタートでした。どんな有名人であっても、はじめは誰もが「素人」なのです。

手話の教室が遠い夢のような存在に感じるかもしれませんが、そのステージまで一歩一歩ゆっくりと階段を上っていけばいいだけです。

具体的にどのような方法があるかと言うと、タイトルにもある通り、お子さんの通う学校や地域の公共機関での「手話の絵本読み聞かせ」がおすすめです。

自信を積み上げていくためにも、対象者を「大人」ではなく「子ども」にすることで、最初に感じる不安を格段に減らすことが可能になります。

例えば、普段からお仕事で大人向けに講演や教育を行っている方は大人を対象としたレッスンもさほど抵抗を感じることもなく、手話の講師を始めることができるのですが、基本的には、事務作業や受付・パソコン業務など、裏方としてのお仕事をしている人が多いはずです。そのため自分がメインとなって進行するという講義形式レッスンに慣れていない方が大半です。

ですので、まずは自分に注目してもらうことに慣れるということから始めましょう。そのスタートの対象者を「子ども」にした手話絵本の読み聞かせがおすすめなのです。

第一歩はボランティアでもいい

最近は、手話を小学校の授業で導入することが増えてきています。

実際に私自身も各都道府県の教育機関から手話の講演依頼が増えています。

これは、手話や聞こえない世界への関心が増え、子どもたちにも難聴や手話という言語の情報を提供するべきであると社会全体がそう感じるようになってきているのです。

ですので、もしあなたにお子さんがいるのであれば、まずは親子面談や連絡帳などに「手話で絵本の読み聞かせを導入しませんか？」と担任の先生に伝えてみてください。

きっと前向きに検討してくれますしそのよさを体感してもらえるはずです。何より子どもたちのキラキラした目と、前のめりな姿に、あなたも自信をもらえるはずです。

最初はボランティアで構いません。奉仕活動を行うのです。

経験が実績へと変わり、のちに大きな価値をもたらしてくれるようになります。

実際に私自身も、子供たち向けの講演に関しては、私が取り扱う商品の中でも、ダントツで低額となっています。

最初は、無料で行うことも多かったのですが、当然ながら私だけでなく一緒に同行し講演活動する仲間の存在もあります。

私だけの勝手な考えで無償提供を続けていけば継続は不可能となりますし、いつかは手話の魅力を発信するという活動が停止しまいます。そして、経済の循環でもあります。

ですので、まずはあなたも第一歩を踏み出してください。「指導経験ゼロ」これは誰もが同じスタートを経験しますのでチャレンジ精神の見せ所でもあるかもしれません。

一歩一歩、勇気を出して階段を上っていく人が、0→1を達成し、その経験が成功体験へと繋がることによって強い自分をつくり出していくのです。

私の教え子には子どもがいない方がいるのですが、その方は地域の小学校に直接出向き、実績づくりと自分自身の新しい挑戦と経験を積むために、無料で手話の絵本の読み聞かせを繰り返し行っていました。今では手話の教室を開き、大人向けにオンライン手話レッスンを行うようになりました。また、子どもたちに絵本の読み聞かせを通して手話を教えていたこともあり、レッスンの対象者を親子にして、子ども向け手話教室を行っています。

最近では「子ども向けグループレッスン」「親子でバイリンガル手話」このようなコースを用意し、手話の魅力を伝え続ける活動家となっています。

あなたにも必ずできます。勇気を出して一緒に一歩を踏み出していきましょう。

POINT

・最初は誰もが「不安」。ファーストステップの対象を「子供」に向けることも効果大。

2　手話大好き人間が集まる日本最大級の手話コミュニティー

相互理解の重要性

私には19歳からの夢だった手話のコミュニティー「Deaf Links Academy（デフ・リンクス・アカデミー）」を立ち上げることに成功しました。

今年で設立３年目となり、会員数は３５０名を超える日本最大級のオンライン手話コミュニティーとなりました。

私たちが普段、生活している上で、耳が聞こえない・聞こえにくい人と出会う機会は、なかなかありません。

というのも、聞こえない人・聞こえにくい人は見た目では、聴者（耳が聞こえる人）となんら変わりありません。

手話で会話をしているシーンを見ない限り、「聞こえない人だ」ということに気づくことすらできないのです。

だからこそ、聞こえない人や聞こえにくい人と手話の学習者が、もっと接点を持てるような環境をつくりたいという思いが手話を学び始めた学生時代からの夢でした。

それだけではなく、聞こえない人の文化や歴史を専門的に研究している学院時代の頃に感じたものが聞こえる人と聞こえない人との「相互理解の重要性」でした。

相互に理解することが大切

というのも、「言語は文化を学ぶこと」とも言われています。

手話を使ってコミュニケーションをすることで、耳の聞こえない人と意思疎通ができるようになりたい人も多いですし、スムーズなやり取りができることで、大きな喜びに繋がることもあります。

ただ、その際に、忘れてはいけないのが

・手話を必要とする側の文化（ろう者・難聴者）
・手話を第2言語としコミュニケーションを図る側の文化（聴者）

この双方が存在するからこそ、コミュニケーションがより深まるのです。

一般的には、手話を第2言語として学ぶ聴者だけが手話の勉強やろう文化の勉強を徹底する傾向にあるのですが、私自身これは大きな間違いであると感じています。

というのも英語と日本語の関係性に例えるとよくわかるのですが、英語のネイティブ外国人の方が日本に訪れたとき、日本語で会話をするだけでなく、日本の文化（お辞儀・おもてなし・温泉・食事etc）なども同時に体験し、日本人の文化を知ろうとします。

その逆も同様で、日本人が英語圏の人と話す際も、相手の文化に合わせて言葉のフレーズや言い回しに気を遣うものです。

つまり「相互理解」「お互いを尊重する」という前提条件や考え方を大切にしているのです。

だからこそコミュニケーションの質も高まりますし、会話の幅も広がり楽しくなります。

一方が相手のことを知ろうともせずなんとなく会話だけを行っていても、結局は、表面上だけの中身のない会話しかできません。

お互いが相手の文化や考え方を理解しようと努めるからこそ深い絆が生まれるのです。

手話も言語なので、互いの文化を意識すると思いがけない発見があるはずです。

お互いに尊重する

手話を広く認知させるためにも、まずは「ろう者・難聴者・聴者」それぞれが互いを尊重し合い文化や考え方を知ろうと努力をしなければなりません。

手話の世界ではこの「相互理解」の部分を見落としている人が非常に多いのです。

これでは、手話の魅力どころか、手話の存在すら普及させることはできません。

実はそういった盲点となっている部分を把握し、手話を介して互いに成長し理解し合う場所が「デフ・リンクス・アカデミー」でもあります。

さらにいうと、手話を言語として扱っているからこそ、アカデミーの中では、マンツーマンレッスンを行う先生もデビューしており、収益システムを導入した仕組み化も整っています。

もちろん、そこに聴力は関係なく、聴者・難聴者・ろう者の全員が先生として在籍しています。

言語の可能性を最大限に活かし、１人ひとりが手話の可能性を広げていく意識を持てば、私だけではできなかった手話の普及活動が大きなレバレッジをもたらしてくれるのです。

是非、DLA へ遊びにきてみてください。

あなたが本来やりたかった手話の活動が思いきり楽しめると思います。

POINT

・ろう者・聴者・難聴者がそれぞれ同じ目線になり、互いを尊重する意識を持たなければ手話は広がらない。

3　国境を越える「国際手話」

国際手話の可能性を体感

「手話は世界共通語ですか？」

このような質問がよく届くのですが、残念ながら共通ではありません。

しかし「国際手話」という国際補助語が存在します。

各国の手話を元にしたもので、世界ろう連盟やデフリンピック等、公的な国際交流の場や、他国への旅行・交流などのより私的な場でも使われている手話です。

私は、手話はどの言語より最速でコミュニケーションがとれる可能性を秘めている、と感じています。

というのも、以前、企画した「国際手話を用いて外国人のろう者とコミュニケーションを取ろう！」という企画（ライブ）を行ったときに身をもって感じたのです。

今でも当時のワクワク感は忘れられません。

初めて国際手話を学び、その場で外国人の手話ネイティブの方とコミュニケーションをするというなんとも無謀な企画でした。

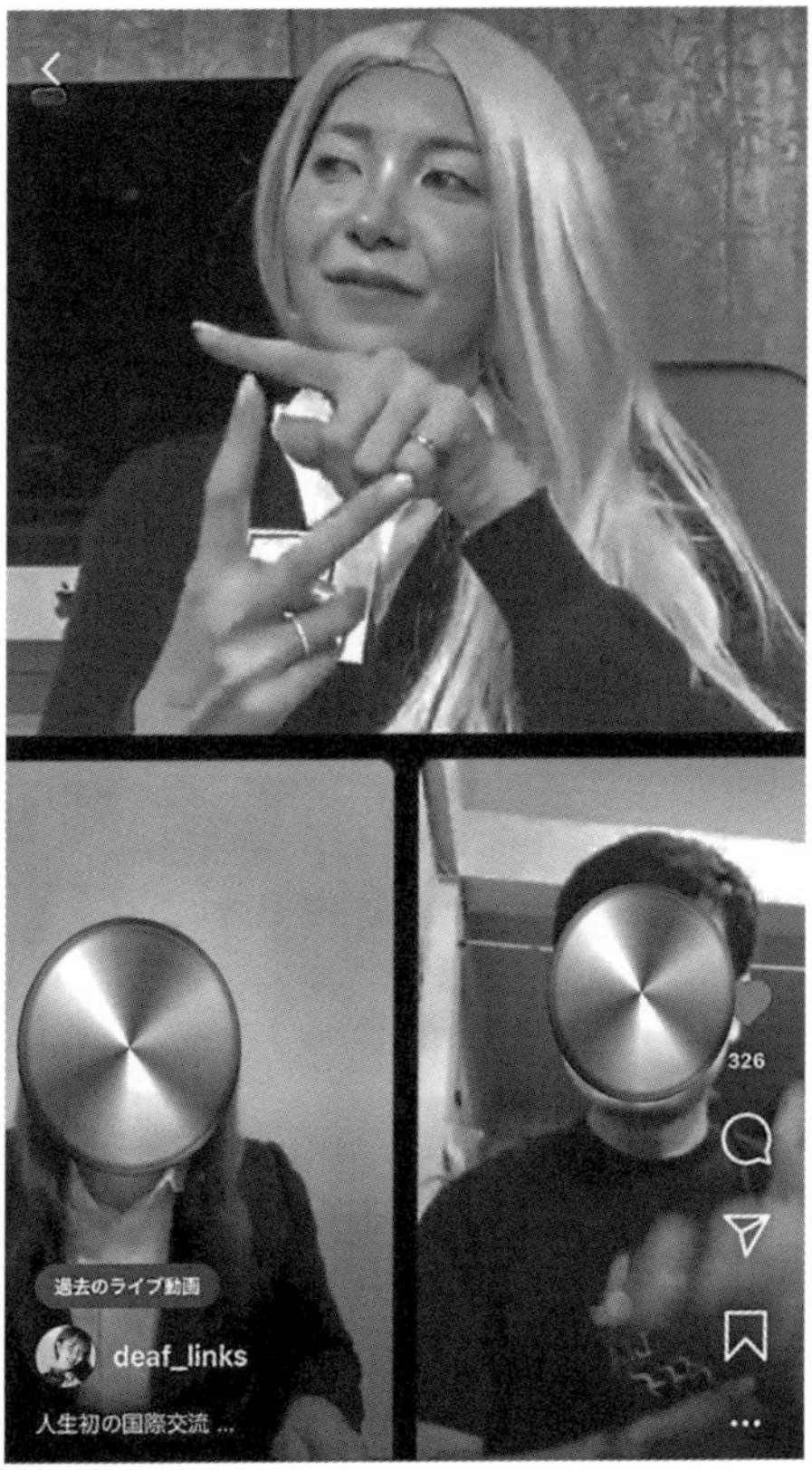

（※なぜかカツラを被って国際交流を主催した際の私たちのライブ映像）

結論から言うと、「とにかく感動。そして手話ってすごい……」。この一言に尽きました。たった20分にも満たない国際手話の学習にもかかわらず、手話を通してコミュニケーションが成立するようになったのです。驚きですよね。

鳥肌どころか、感動でしかありませんでした。

このように短時間で手話を習得し、ここまでコミュニケーションが取れるならば、他の言語より、各国の人々が全員、手話を学んでしまったらどうなるのか……。といった妄想まで膨らみ、忘れられない思い出にもなりました。国際手話の可能性を体感した瞬間でした。

2025年のデフリンピックを目前に国際手話への関心高まる

また、国際手話は、日本手話に似た表現の手話単語も存在していたことにも気づかされました。10本の指や手・身体・顔の動きで構成される言語だからこそ、いい意味で制限がかかり、共通の表現も増えていくのはないかと考えています。

2025年には、耳が聞こえない人たちの集まる「デフリンピック」という世界規模のオリンピックが東京で行われます。

そのようなこともあり、最近では、「日本手話を学びたい・教えてほしい」という海外からのお問合せも増えています。

また、日本では「国際手話を学びたい」という人も増えてきました。

私は、ビジネスパートナーでもある国際手話のろう講師がいます。

彼女と共に、今後もさらに日本人の可能性を海外へと広げていく活動にも挑戦したいと考えています。

手話は言語。その認識が拡大していくには、私だけでなくあなたの力も必要なのです。

POINT

・2025年　世界初の「デフリンピック in 東京」開催。今こそ手話の普及活動を強化するタイミング！

4　失敗しても挫けない強い精神のつくり方

成功者側にピッタリと寄り添い、常に見て学び、すべてを吸収する

私はよく教え子から、次のような質問を受けることがあります。

・先生のようなメンタルを手に入れるにはどうすればいい？
・判断や行動のスピードを速くするには？　時間の使い方を知りたい
・子育ても家事もあるのに、どうすれば仕事と両立ができるのか？

私はもともと「隠れ根暗タイプ」の性格で積極的に人とコミュニケーションをとってきたほうではありません。ですので「自分はメンタルが強い」「スピードも速くすべてを器用にこなせている」などと思ったことは一度もありません。

むしろ、どちらかといえば、かなりのんびり屋で、時間があれば寝ていたいと思うほどの人間です。

ではなぜ、周りからの見え方と自分の認識とで、そこまで大きな乖離が起きているのでしょうか。

その理由を考えてみたときに、ある行動がきっかけとなっていることに辿り着いたのです。

そのある行動とは「成功者の側にピタリと寄り添い、常に見て学びすべてを吸収する」これだったのです。というのも、これは脳科学でも実証されていることなのですが、人間には無意識に自分を変えてしまう「ミラーニューロン」という細胞があります。

「ミラーニューロン」は、目の前の人の「行動」や「言動」を無意識レベルでコピーをしてしまう働きを行う細胞です。

・母親の口癖が娘にうつる
・あくびがうつる
・夫婦の顔が似てくる
・好きな芸人を追っていたら本人のメイクの仕方までできるようになった
・いつも仲良しの友人と行動パターンが似る

このような現象も「ミラーニューロン」が影響していると言われています。日常生活を送るうえで、無意識に周りのしぐさを真似をしたり行動パターンを勝手にコピーしてしまうのです。

これは悪い意味ではなく、この機能がいい方向に働くケースも多いです。私たち人間が、何かを学び成長し進化を遂げていく過程で、周りと自分を比較し、自分の間違っている箇所や「もっとこうなりたい」と言うような感情が生まれることがあるはずです。柔軟にミラーニューロンが効果を示し、より早く環境に適応していくために無意識レベルで働きを強化しているのです。

これは、自分で学習しようと意気込むよりも、細胞が効果的に働くので数倍早く習得できると言われています。

脳内で勝手に備わっている機能が、自然に周りと適応するからです。

つまり、私の考え方や行動、スピード、そういったものは私の行動を共にしている尊敬する人の存在によってすべてミラーニューロンの効果が働いて上書きされているものだと考えられます。

徹底的に見る↓学ぶを繰り返す

私自身、今もなお、尊敬する先生や成功している人の近くに出向き、徹底的に「見る」ということを重視しています。

生まれた赤ちゃんの首が座り、腰が座り、ハイハイができるようになり、そして歩く、走る……そのような行動は、親が丁寧に言葉を使ってやり方を教えていたわけではありません。無意識レベルで「見る」と言う行為を、赤ちゃん自身が行っているからこそ、気づけば自然に子供は大人と同じように行動できるようになっているのです。

つまり私たちは「見る」という学びが、最大の成長をもたらしているのです。

実際に私は、尊敬するメンターであり成功者でもある人の発言や考え方・行動・目の動き・呼吸すべてを1つひとつ細かく見るようにしています。それは成功者にしかないエッセンスが全て凝縮されているからです。

その「見て学ぶ」を繰り返していたことで、無意識にミラーニューロンの細胞が働き、本来の自分自身の意思や経験レベルを超越し、違和感なく、成功者の行動や考え方を取り入れるようになれたのです。

そうすることにより、気づけば周りからは、強靭なメンタルを持つママ起業家というような声があがるようになったのかもしれません。

あなたも強靭なメンタル、想像超えるスピード感、自分の成長を格段に上げたい場合は、あなたの手にしたい夢を叶えている&成功している先生に付いていき、徹底的に「見る↓学ぶ」を繰り返してみてください。
2、3か月後には、とんでもない成長速度を発揮しはじめるかもしれません。

POINT

・成功者の思考をインストールできる方法はミラーニューロンの働きを高める「見る」が重要。

5　副業を本業に変えた「手話教室」の裏メニュー

私が手話教室を始めた当初は、手話のマンツーマンレッスンが基本スタイルでした。

そこから数か月後には「一対多数」と言う「グループレッスン」へと仕事の方法を大きくシフトすることができました。

また、それだけでなく手話アカデミーでのレッスンに導入するきっかけにもなった「裏メニュー」

の存在があります。

その名も『自由につくれる！　○○さん作「夢を叶える1Day カリキュラム』と言うものでした。

簡潔に言うと、私が決めたレッスンのカリキュラムではなく、生徒が1から自由に構成し講師に行って欲しい手話のレッスンを作成すると言う内容になっています。

ここでのポイントは「1Day カリキュラム」、ここにあります。

これは1時間や2時間と言う短期間ではなく、ワンデイ（6時間ほど）もの時間を共有し、生徒の要望するカリキュラムに講師が付き合い、そこに手話のレッスンを含めると言う裏メニューです。

これが想像を絶する大人気裏メニューになり、それをきっかけに多くのカリキュラムとなるアイデアを生み出せるようになったのです。

具体的にどのような要望レッスンがあったのかと言うと、次の通りです。

・街中を歩いてウィンドーショッピング 手話レッスン
・ランチをしながら食事手話レッスン
・耳栓をしながら本格的無音体験手話レッスン
・生徒同士集まった多人数トーク手話レッスン
・ディズニーランドグループ手話レッスン
・ビデオ通話手話レッスン

このように、生徒の自由な発想により今までになかった斬新な手話レッスンを導入することができたのです。これは提供者側では考えることのできない、生徒ならではの本音の部分での発想でもあります。

私が、「一対多」というグループレッスンの価値の大きさに気づけたのも、この生徒の案がきっかけとなっています。

またウィンドウショッピング手話レッスンに関しては、普段だと対面（向き合って手話会話）レッスンになるので手話が見やすいのですが、実際に横歩きになって手話を表現すると、一気に難易度が上がり読み取りの力が必要となります。

また中には、お断りをした夢を叶えるワンデイレッスンもありました。

・映画デート手話レッスン
・ドライブ手話レッスン
・海の中手話レッスン

気軽に手話を学べるカリキュラムや環境を提供してあげる

他にもいくつかあったかと思いますが、時間がかかりすぎてしまうものや、ドライブ手話などは慣れていないと本当に危険だったりするのでそういったものはお断りしました。

映画に関しては、私がオタクレベルで映画が好きなため「レッスン」を忘れてしまいそうなので泣く泣くお断りさせていただきました。

手話は「なんだか難しそう」と思っている方は非常に多いです。

だからこそ講師がクリエイティブな発想で気軽に手話を学んでもらえるようなカリキュラムや環境を提供してあげることが大切なのです。

もっと自由に。もっと楽しく。

手話の先生になるあなた自身が、そこに気づけるようになると、生徒も同じように楽しく手話を学んでくれるようになります。

POINT

・想像を超える生徒ならではの自由な発想。「夢をかなえる手話レッスン」を導入すべし。

6　起業を叶える「オリジナル商品」

手話の世界では階層に合った教育が行われているのですが、現在、私の教え子には左の図のようなステージごとの学びの場があります。

下から順に「ボランティア」↓「フリーランス」↓「起業家」↓「オーナー」というステージに分かれて「手話を活かした働き方」を学んでいます。

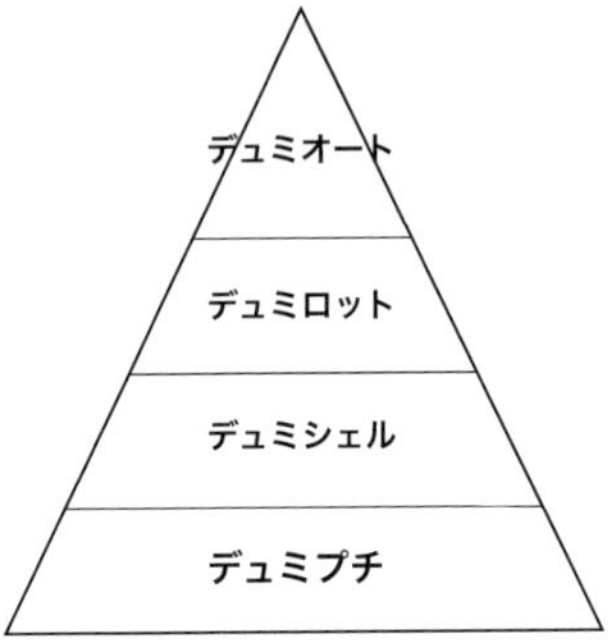

DLAを支えるデュミ構図

このように今までの手話の世界では、全く想像することができなかった階層を用意しそれぞれのステージに合った教育を行っています。中には、聴者・ろう者・難聴者がいます。

最近では、現役の手話通訳士の方から「今の働き方を変えたい。手話を活かしたビジネスを学びたい」と言うようなメールが増え、他にも耳の聞こえないろう者や難聴者の方からのお仕事や起業に関する問い合わせも増えています。

何かを新しく学ぶことに聴力は関係ありません。誰もが先生を信じ徹底的について行き学びたいと決めた瞬間からすべてが大きく変わります。

自分のエゴやプライド、そのようなものがある限り決して新しい自分に出会うことはありません。

あきらめないで挑戦することがすべての始まり

今までの日本の義務教育は「お金の教育」を全くしてこなかったこともあり、このような悩みを抱えたまま大人になってしまう方が多いのです。

今の働き方を変えられず、増税し続ける政府の策略に飲まれ続け、給料に不満を感じながらも自分の願望を押し殺し、ジレンマを抱え我慢ばかりの生活を送っているのです。

だからこそ、自分自身の好きなことや得意なことを活かして、オリジナルのサービスや商品をつくり価値として伝える生き方を学んでほしいのです。

赤ちゃんが、大人を見て学び歩けるようになったことと同様に、やり方を知っている成功者に徹底的に信じついていき学び続ける……。その継続があなたの人生を大きく変え、あなたの希望する本来の姿を実現させることができるのです。

・手話を活かしてお仕事をしたい
・好きなことや得意なことで副業をしたい
・今の働き方を変え、新しい自分の人生を切り開きたい
・ずっとやりたいかった夢を叶えたい

手話を通してそのような未来が待っていることを決して忘れないでください。

本書を手にしたあなたには特にその可能性に選ばれた1人でもあるのです。絶対にあきらめないでください。挑戦することがすべての始まりなのです。

POINT

・手話の世界で実現できる「起業家」としての生き方が存在することを忘れてはいけない。

おわりに

ここまで読んでくださりありがとうございます。

3年前、私はパートで働く普通の主婦でした。

私の命を救ってくれた手話の世界へ恩返しをしたいという思いがすべての始まりです。

「どこに行っても手話で対応できる人が増えてほしい」

「手話が広がることで助かる人が1人・2人と増えていくはず」

その思いを形にするべく努力し続けてきました。

「聞こえる人が手話を教えること」に否定的な人からの言葉をいただいたこともあります。

それでも必ず「手話」という言語の魅力を伝え続ければ、きっと何かが変わるはずだ。

その思いを貫き徹底的に努力し、手話の普及活動を継続してきました。手話に携わり約20年。ようやく私の思いや活動の効果が多くの人へ届き始めています。


何かをつくり出すことは決して簡単なことではありません。

新しい挑戦をする際は、必ず周りが止めてきます。

変わっていくことに抵抗を感じる人もいれば、失敗してほしくないと言う心配の思いが込められているからなのかもしれません。

本当にあなたのことを応援している人は「絶対に変わる。必ずやり遂げる」というあなたの一言を待っているのです。あなた自身が宣言し挑戦する姿を待っているのです。

その本気度が伝われば、応援者は1人・2人……と増えていくのです。

これは実際に、私自身がそうでしたし、私の先生も、さらにその先生も同じような経験をしてきました。挑戦しない前から「私には無理だ」と考えてしまう過去の自分とは、今回を機に別れを告げましょう。「手話の教室を開く」そう宣言することで自然と周りからサポートも増えてきます。

あなたが本書を手にしたのは「偶然ではなく必然」に過ぎません。

出会うべきタイミングにこの本を手に取り、「自分を変えるチャンス」に出会ったのかもしれません。

チャンスは、何度もやってきません。

私自身も普段から意識しているのですが、どのようなタイミングであっても直感を信じ、チャンスをつかむことです。

「人生を変えたい。新しい自分に出会いたい」そう思ったからこそ、あなたは本書を読んでいるはずです。

私は今、沖縄の実家に帰省し、静かな海の木陰に座って本書を書いています。

今でこそ、このようにパソコン1台で自由に旅をしながらたくさんの人に出会い、多くの刺激を受けながら仕事を楽しんでいます。

このようなワークスタイルが実現できていることは、今でも信じられませんし、夢を見ているかのようです。パート時代の頃は、大切な2人の子どもたちに好きなおもちゃどころか缶ジュースすら気軽に買ってあげることができませんでした。

誕生日やクリスマスのプレゼントも、ありとあらゆる方法で豪華に見せるよう試行錯誤していた苦しい時期もありました。

そんな人生を変えたいと、自分自身の生き方や考え方に矢印を向けた瞬間から、自分の中で信じられないほどのエネルギーが溢れ出したのです。眠っていたもう1人の自分が目覚めたかのように、やる気を奮い立たせてくれたのです。

さらに、もう1つ。私に大きな自信と安心感をもたらしてくれたのが人生のメンターの存在でした。

幼少期から、自分の殻に閉じこもる癖のある私に対して、

「1人ではない。誰かに頼ることで見えてくるものがある。もっと人を信じて」

この言葉と支えがあったからこそ、過去の小さな自分を大きく変えることができました。

そして、命より大切な最愛の娘たちにも「お母さんのように手話ができるようになりたい」「手

話の先生になりたい」という言葉をもらった瞬間は、何とも言えない感情で胸が熱くなりました。

「好きなことで稼ぐ力を身につける」

この一言にワクワクしている自分がいるのでしたら、あなたにも大きな可能性が待っています。


何事も最初から完璧な人なんていません。

私も苦しくて不安で怖いと感じる瞬間ももちろんありました。

しかし、この道で成功している人が存在している限り、あなたにも同じようにチャンスが待っています。

もしも、今あなたが「自分を変えたい」との思いが少しでも芽生えているのでしたら、その本音を両手で救ってあげてください。

そして、決して一人で頑張ろうとしないでください。独学こそ危険で遠回りなことはありません。

「この人だ」と思った先生に近づき、徹底的に信じ教えを乞うてみてください。

人は必ず変われます。是非、そのスタートラインに立ってください。

これからは「考える」ではなく「行動」です。大丈夫。必ずあなたにもできます。

もし今後、あなたと接点を持てるような機会があれば「本を読んだ」と教えてください。

その時は本書に隠されたサプライズプレゼントをあなただけにこそっと教えます。

その日まで楽しみにしております。

～出会いに感謝～

本書を出すにあたって、多くの先生・先輩・友人・生徒、そして家族に献身的で心強いサポートをしていただきました。感謝しきれないほどの思いで胸がいっぱいです。

本当にありがとうございます。

1人でも多くの方に、大切な想いとストーリーが詰まったこの一冊が届きますように。

藤乃　Fujino

手話に実際に触れて（体験）みたいという方へ

最後に、藤乃からのサプライズプレゼント！

初心者が６０日間で
手話を話せようになる理由

（動画講座を３話まとめて無料プレゼント）

一部を少しご紹介すると…

・手話経験のない初心者が陥る罠とは一体
・基礎を学んでもろう者の手話が読めない訳
・手話をマスターする際、何から始めるのか

上記、QRコードを読み取り
専用LINEに登録することで
プレゼントを送付させて頂きます。

その他、手話に関する情報も同時にGETできるチャンス。

著者略歴

藤乃（ふじの）

1988 年 2 月 2 日生まれ 沖縄県豊見城市出身。
手話は中学 3 年の頃から学び始める。沖縄県立那覇高等学校を卒業後、国立障害者リハビリテーションセンター学院 手話通訳学科へ入学。
専門知識や研究を進めるうち、文化に魅了され 1 年以上日本語を話さず手話のみの生活を送る。卒業前、持病の再発で自主退学。
療養中も手話普及活動に取り組み続け、2019 年手話教育事業を設立。
■ 2019 年「誰もが自由に好きな場所で手話を学べる」というコンセプトで独自プログラム開発をしたオンライン教材「手話ホームステイ」が大ヒット。
■ 2020 年 19 歳からの夢だった「日本全国の手話好きを繋げるオンラインアカデミー」の設立に成功。
耳の聞こえない人や手話学習者が集い、相互理解を深めながら手話の普及活動に繋げる場所「デフ・リンクス・アカデミー（通称 DLA)」を立ち上げ 4 か月目にして 350 名以上の会員数となる。

手話教室を始めるための 7 つのステップ
―手話を楽しむ生き方―

2023年 2 月28日 初版発行　　2024年 8 月28日 第 7 刷発行

著　者　藤乃　© Fujino
発行人　森　忠順
発行所　株式会社 セルバ出版
〒 113-0034
東京都文京区湯島 1 丁目 12 番 6 号 高関ビル 5 B
☎ 03（5812）1178　FAX 03（5812）1188
http://www.seluba.co.jp/
発　売　株式会社 三省堂書店／創英社
〒 101-0051
東京都千代田区神田神保町 1 丁目 1 番地
☎ 03（3291）2295　FAX 03（3292）7687

印刷・製本　株式会社丸井工文社

Printed in JAPAN
ISBN978-4-86367-798-2